EVOLUTION OF SETTLEMENT HIERARCHY SYSTEM
AND ITS SPATIAL STRUCTURE
IN TRADITIONAL PLAIN AGRICULTURAL AREAS

传统平原农区聚落等级体系
及其空间结构演变研究

朱纪广 ◎ 著

中国财经出版传媒集团
经济科学出版社
Economic Science Press

图书在版编目（CIP）数据

传统平原农区聚落等级体系及其空间结构演变研究/
朱纪广著．—北京：经济科学出版社，2022.1
ISBN 978 - 7 - 5218 - 3407 - 9

Ⅰ. ①传… Ⅱ. ①朱… Ⅲ. ①平原 - 居民点 - 研究 -
中国 Ⅳ. ①K928.5

中国版本图书馆 CIP 数据核字（2022）第 022066 号

责任编辑：袁　溦
责任校对：齐　杰
责任印制：王世伟

传统平原农区聚落等级体系及其空间结构演变研究
朱纪广　著
经济科学出版社出版、发行　新华书店经销
社址：北京市海淀区阜成路甲 28 号　邮编：100142
总编部电话：010 - 88191217　发行部电话：010 - 88191522
网址：www. esp. com. cn
电子邮箱：esp@ esp. com. cn
天猫网店：经济科学出版社旗舰店
网址：http：//jjkxcbs. tmall. com
北京季蜂印刷有限公司印装
710 × 1000　16 开　15.25 印张　180000 字
2022 年 1 月第 1 版　2022 年 1 月第 1 次印刷
ISBN 978 - 7 - 5218 - 3407 - 9　定价：58.00 元
（图书出现印装问题，本社负责调换。电话：010 - 88191510）
（版权所有　侵权必究　打击盗版　举报热线：010 - 88191661
QQ：2242791300　营销中心电话：010 - 88191537
电子邮箱：dbts@ esp. com. cn）

本书系以下基金联合资助：

国家自然科学基金（项目号：42171182）

国家哲学社会科学基金（项目号：20BJY113）

河南省优秀青年科学基金（项目号：222300420021）

河南省高等学校重点科研项目（项目号：22A790002）

河南省高等学校青年骨干教师培养计划（项目号：2021GGJS069）

前　　言

党的十九大提出"实施乡村振兴战略"。习近平总书记多次强调，实施乡村振兴战略是关系全面建设社会主义现代化国家的全局性、历史性任务，是新时代"三农"工作总抓手[1][2]。但是，中国的乡村振兴没有现成的、可照搬的经验，只能在不断探索中前进。乡村振兴为乡村研究提供了新的机遇，同时也带来了新的挑战。本人自2012年从事乡村发展方面的研究，多次深入研究区实地调研，发表了多篇相关成果，并在此基础上整理形成《传统平原农区聚落等级体系及其空间结构演变研究》一书，本书聚焦传统平原农区聚落等级体系与空间结构演变，在相关方面进行了新的探索。

第一，探讨了时间序列变化中的聚落等级规模演变规律。提出了聚落等级呈现等级替代现象；聚落等级规模分布趋近城市位序—规模曲线，具有"翘首"和"肥尾"特征，且实际值小于理论值；聚落规模结构由集中趋向分散，规模结构差异性变大。这些结论体现了聚落长期人地关系交互作用的结果，是聚落发展过程中必然经

---

① 中华人民共和国中央人民政府网站. 把实施乡村振兴战略摆在优先位置，让乡村振兴成为全党全社会的共同行动［EB/OL］.（2018 – 07 – 05）.［2022 – 01 – 15］. http：//www. gov. cn/xinwen/2018 – 07/05/content_5303799. htm.

② 中华人民共和国中央人民政府网站. 决胜全面建成小康社会 夺取新时代中国特色社会主义伟大胜利［EB/OL］.（2017 – 10 – 27）.［2022 – 01 – 15］. http：//www. gov. cn/zhuanti/2017 – 10/27/content_5234876. htm.

历的现象，对认识聚落等级规模演变规模具有一定的作用。

第二，探讨了聚落体系的空间结构演变特征、演化过程及聚落系统演变形式。提出聚落体系空间结构由四边形、五边形或六边形等相结合构成；随着时间的推移，聚落体系的空间结构演变模式呈现低端均衡结构—点轴结构—中心外围结构—圈层结构的演变过程，不同结构下的聚落体系空间结构、城乡关系均有所差异；城镇化扩张、新型社区建设和重大工程搬迁可能会导致聚落体系改变。这些结论对正确认识城镇化过程中聚落体系的空间结构及其在区域发展中所处的阶段具有重要作用，可为区域聚落国土空间规划提供科学参考。

第三，探讨了典型聚落空间功能演变。工业型聚落功能演变主要表现在乡村居住功能消失、生产功能兼业化、城乡经济互动频繁和农民身份转变等；农业现代化型聚落功能演变主要表现在乡村生产功能非粮化、市场化、生产空间增加；新型社区功能演变主要表现在功能多样化、社交空间增加、基层组织功能更新、社会自治功能提高和市民化过程。典型聚落空间功能演变对进一步认识乡村内在性质提供了新的视角，对新时期中国乡村功能重构和乡村振兴具有重要的意义。

第四，进一步展望了传统平原农区聚落发展趋向。一是聚落等级结构上将进一步强化中心城市作用，小城镇功能将会提高，乡村聚落个数将进一步减少；二是聚落规模结构上城镇聚落规模（斑块规模和人口规模）将增加，乡村聚落规模（斑块规模和人口规模）将进一步优化；三是聚落体系将会形成网络化的空间结构。从周口市的聚落研究中我们不难发现，周口市的乡村研究不仅局限于周口市这一特定区域，而是对中国广大传统平原农区如何加快乡村城镇化进程、促进城乡融合，如何构建大小不同、功能有别、环境各异的各类聚落等方面均有借鉴意义。

第五，进一步证实乡村位序—规模法则。针对城市位序—规模法则在乡村聚落等级规模体系研究中适用性不足的问题，在索尼斯（Sonis M）和格罗斯曼（Grossman D）模型基础上进一步实证乡村位序—规模法则，并从理论模型、模型解释力度和模型预测准确性上进行详细的论述。本书不仅为传统农区乡村等级体系演变提供了理论指导和方法支撑，同时也为经济地理学的发展提供了理论方法和技术支持。

乡村研究是一个复杂的、庞大的科学命题，它与区域空间、城镇空间之间存在着相互联系。本书对传统平原农区聚落等级体系及其空间结构演变具有一些新的认识，对中国城镇化进程、乡村发展和村镇体系空间规划具有一定的参考价值。当然，乡村研究还有无限可能，本书对传统平原农区聚落等级体系及其空间结构研究只是一个开始，书中可能有些观点还不够成熟，祈请读者批评指正。

本书在研究过程中得到国家自然科学基金（项目号：42171182），国家哲学社会科学基金（项目号：20BJY113），河南省优秀青年科学基金（项目号：222300420021），河南省高等学校重点科研项目（项目号：22A790002），河南省高等学校青年骨干教师培养计划（项目号：2021GGJS069）等项目的资助，在此表示感谢！

朱纪广

2021 年 12 月 6 日于郑州

目　　录

第一章

绪　　论

聚落是城镇人口和乡村人口居住、生产和生活的场所（金其铭，1988），其形成和发展受自然条件和城乡社会、经济、文化等因素的深刻影响（郭晓东等，2012）。在当今中国快速城镇化和工业化进程中，聚落的发展面临着机遇与挑战。

一、选题依据与背景

（一）选题依据

改革开放以来，中国乡村经历了由传统的农耕文明向现代文明的转型，由自给自足的封闭社会向开放的商品社会转型，由单一的同质社会向多样的异质社会转型。中国乡村聚落空间结构和社会空间发生了剧烈的变化，尤其是中国当前快速城镇化和工业化进程中，乡村大量剩余劳动力向城镇的二三产业转移，同时也伴随着乡村聚落的消亡。正如孟德拉斯和斯蒂格利茨二位学者所言："20 亿农民站在工业文明的入口处，这就是在 20 世纪下半叶当今世界向社会科学提出的主要问题（孟德拉斯、斯蒂格利茨，2010）""中国城镇化是 21 世纪初期影响世界最大的两件事之一（斯蒂格利茨，2001）"。中国是一个农业大国，农业、农村和农民问题始终是关系着中国经济和社会发展的重大问题。如何解决中国人吃得饱、住得好、精神富足成为历届中国政府所关注的焦点问题。中国当前已基本解决温饱问题，剩下的便是如何住得更好和精神富足问题。中国目前有大量农村人口和数以万计的城乡聚落，如何解决中国城乡聚落合理规划和良性发展，改变过去部分城乡脏乱差等问题已成为政府和相关学科关注的焦点。

自 2005 年中共十六届五中全会首次提出建设社会主义新农村，明确表明要大力加强乡村聚落的建设，建立城市反哺乡村机制以来，党中央、国务院出台了各种政策实施社会主义新农村建设。2012 年中共十大提出新型城镇化建设，2017 年党的十九大又提出乡村振兴战略，从政府和国家层面努力破解全世界最复杂、分布面最大、人口最多的乡村振兴问题。与此同时在河南等地已启动新型社区试点 2 300 个，初步完成 350 个，累计完成投资 631.5 亿元。根据河南各地情况，已探索出郑州市迁村并城模式、舞钢市城乡一体模式、义马市整体搬迁模式、浚县村企一体模式等不同新型社区模式①。这场乡村建设表现出强烈的城乡互动特征，通过新型社区规划调整，全面整合聚落体系，使大小不同、功能有别、环境各异的各类聚落统一和谐

---

① 大河网. 我省启动新型农村社区试点 2 300 个 [EB/OL] (2012-08-31). [2014-10-12]. http://newpaper.dahe.cn/hnrb/html/2012-08/31/content_774578.htm? div=-1.

（李小建等，2014），同时也对相关学科提出新的命题。

（二） 选题背景

1. 中国快速的城镇化进程，使乡村聚落发生着剧烈变化

乡村聚落是农村居民与周围自然、经济、社会、文化环境相互作用的现象与过程（金其铭，1988；陈宗兴等，1994；周国华等，2011），是乡村地理学的重要研究内容之一。目前，中国仍有5.5亿农村人口（占全国总人口的39.4%）以及上百万个村落与集镇（国家统计局，2020），乡村聚落依然是中国人口的主要聚居形式。然而随着中国城镇化进程的快速推进，中国乡村聚落发生着剧烈变化。一方面，城镇作为区域的经济中心吸引大规模的乡村劳动力向城镇迁移，使巨大的潜在消费需求转变为现实消费，有力地拉动中国经济快速增长（Schwirian K P et al.，1962；胡鞍钢，2003；廖丹青等，2004；陈明星等，2010；陆大道，2013），经济的快速增长又进一步吸引乡村劳动力向城镇迁移，造成乡村聚落（人口）规模不断缩小。如图1-1所示，中国乡村聚落人口规模不断减少，城镇人口不断增加，至2011年城镇人口规模超过乡村聚落人口规模。中国城镇化率从1978年的17.9%增加到2020年的60.6%，中国已经成为世界城镇化速度最快的国家，用短短40年的时间走过了西方发达国家近百年的城镇化进程，其速度可谓惊人。另一方面，中国城镇化进程中城镇不断向外围扩张，城镇周边的乡村聚落被侵蚀，使大量农民被迫城镇化，乡村聚落面临着形态演变和现代转型（韩非等，2011）。如图1-2所示，中国城镇建成区面积以平均每年7.1%

的速度递增，中国城市建成区面积从 1998 年的 13 613 平方千米增加到 2019 年的 60 312 平方千米。城镇建成区不断向外扩展，必然伴随乡村聚落的消亡。据统计，1984 年中国具有 926 439 个村委会，至 2019 年中国乡村村委会减少到 533 073 个，与 1984 年相比减少了 42.5%（国家统计局，1985，2020）。因此，在中国快速城镇化进程中，乡村聚落的发展及其规划必将成为政府和学术界关注的焦点。

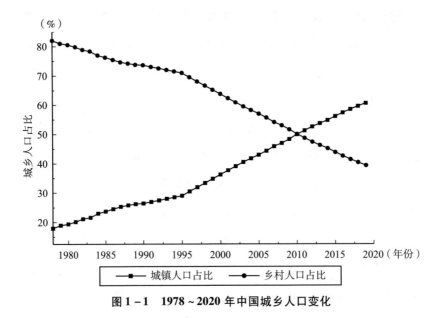

图 1 - 1　1978 ~ 2020 年中国城乡人口变化

资料来源：《中国统计年鉴》（2021 年）。

2. 中国工业化进程促使乡村聚落经济社会空间转型

中国乡村社会空间的转型很大程度上源于经济空间的转型，特别是改革开放以后，中国乡村工业化迅猛发展，打破了计划经济体制下"自然经济"的宁静，出现了经济多样化和经济空间结构快速转换的新格局（苗长虹，1998）。作为乡村聚落发展的两大核心要

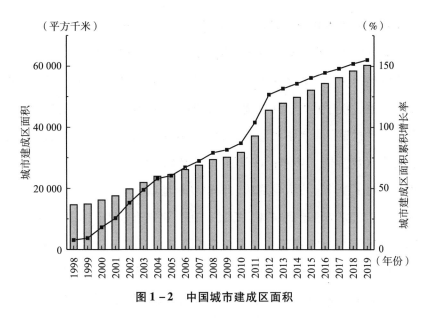

图 1 - 2 中国城市建成区面积

资料来源:《中国城市统计年鉴》(1998～2020 年)。

素——人口和土地,发生巨大的变化,给中国乡村聚落的生产、生活和生态空间带来深远的影响(龙花楼,2013)。首先,乡村人口的非农化转移与兼业化趋势增强。如图 1 - 3 和图 1 - 4 所示,中国乡镇企业从 1990 年的 1 868 万个,迅速增加到 2011 年的 2 806 万个,增加 1 倍多;而乡村工业具有较强的非农就业乘法效应(周一星,1992),乡镇企业职工人数从 1990 年的 9 264 万人增加到 2011 年的 16 038 万人,增加了 73%,平均每年增加 3.5% 左右;第一产业从业人员比例由 1990 年的 60.1% 减少到 2020 年的 25.1%,而二三产业从业人员比例由 1990 年的 39.9% 增加到 2020 年的 74.9%,这表明第一产业就业占全国就业的比重逐年降低,农村劳动力就业明显向第二、第三产业就业转移。其次,乡村工业化推动乡村社区产业和劳动分工的深化,为农村居民提供更多的就业机会和收入来源,为乡村居民生活方式城镇化提供了物质基础；同时也为乡村建设提供了重要的财力保障。再次，乡村工业改变了乡村聚落发展的面貌，乡村聚落形态和空间格局发生深刻的变化。如乡村建设，乡村聚落逐渐从"散、小、乱"走向集约高效、秩序井然、环境优化的新型乡村聚落。最后，部分乡村工业化给乡村聚落带来消极影响。如部分乡村工业加剧了乡村聚落环境的污染（魏后凯，1994；许学强等，1995；王辉，2011）。同时，大规模乡村工业化侵占大量良田，使得乡村地域的景观生态过程和格局的连续性、完整性遭到破坏。因此，在工业化进程中，乡村工业化与乡村聚落空间是如何演变的？其演变的因素是什么？这些因素形成什么样的机理？如何调控乡村聚落的发展和乡村工业化的影响？这些问题的解答，对探究乡村聚落体系及其空间结构演变规律具有重要理论与实践意义。

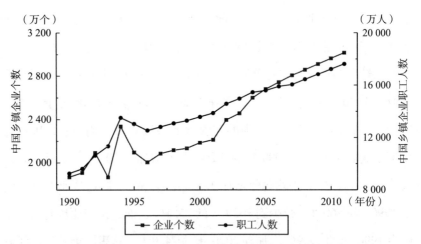

图 1-3 1990~2011 年中国乡镇企业个数和职工人数

资料来源：《中国乡镇企业统计年鉴》（1991~2005 年）和《中国乡镇企业及农产品加工业年鉴》（2007~2012 年）。

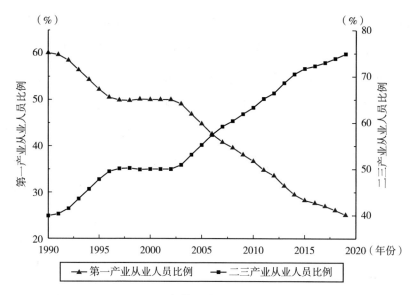

图 1 - 4 1990 ~ 2019 年第一产业和二三产业从业人员比例

资料来源:《中国统计年鉴》(2020 年)。

3. 政策因素促使乡村聚落格局与产业结构发生重构

政策因素对乡村聚落的影响主要表现在乡村土地政策和户籍政策的变化。改革开放以前,随着中国乡村土地集中经营制度的形成以及中国户籍制度的建立,乡村聚落表现为聚落人口由最初的自由流动走向相对封闭。在乡村聚落中,实行政社合一的人民公社制、农副产品的统销统购制和严格的户籍制度,把乡村居民限制在农业领域。城乡社会是典型的二元社会 (李迎生,1993),乡村居民不能自由流动和迁徙。由于严重的城乡分割,中国单一化的乡村社会结构向现代社会的转型过程受阻,乡村生活水平和生活质量一直比较低下,农民一直为贫困和缺乏个人发展所困扰,传统农业文化向现代工商业文化的进化极其缓慢,乡村聚落单一化的农业经济缺乏发展的动力和活力（苗长虹，1998）。20 世纪 70 年代末至 90 年代中期，随着乡村土地制度的改革，家庭联产承包责任制解放了大量农村剩余劳动力并向城镇迁徙而从事收入更高的二三产业，乡村人口主要以单向流动为主，即从乡村流向城镇，乡村聚落社会阶层迅速分化，乡村聚落人口流动性增强，流动空间范围迅速扩大，村落文化逐渐向都市文化和现代工商业文化转变（李小建，2013a）。20 世纪 90 年代以来，中国发生两次全国规模的农地转为非农用地的浪潮（周其仁，2004）以及逐步放开中小城镇户籍制度，允许乡村居民有条件的进入中小城镇。农村土地转为非农用地和户籍制度改革必然会对乡村聚落空间格局和产业结构带来深远的影响。一方面，乡村聚落格局必然发生重构。随着城镇化、工业化和农业现代化的发展，大量农业用地转化为非农业用地，乡村大量人口迁移到中小城镇，必然对乡村聚落景观格局产生影响。在城镇化、工业化和农业现代化的影响下，乡村聚落规模是否变小？乡村聚落集聚格局是否发生变化？乡村聚落空间是否向高空发展？这些问题的解答，对探究乡村聚落体系演变具有重要意义。另一方面，乡村聚落产业结构必然发生变革。大规模、集约化应是现代农业发展趋势，"小而分散"的传统农业已经不适应现代农业的发展。因此，在乡村人口和土地逐渐表现出城镇化的趋势下，乡村聚落土地应该有多少人居住？应该向城镇转移多少人？这些问题的回答需要在新的视角下，研究乡村聚落的等级体系及其空间格局是如何变化的。

2000 年以来，中共中央出台一系列关于乡村聚落发展的政策，为乡村聚落的发展提供了良好的社会发展背景和机遇（见表 1-1）。2005 年中共十六届五中全会首次提出建设社会主义新农村，明确表明要大力加强乡村聚落的建设，建立城市反哺乡村机制。此后，国家连续 5 年的中央一号文件都与乡村聚落的发展相关。2012 年党的十八大报告明确指出走新型城镇化道路，使城镇化的质量明显提高，农业现代化和社会主义新农村建设成效显著（胡锦涛，2012）。国家的乡村发展政策以及资金上的扶持为乡村聚落的发展提供了良好的契机，随着中国对乡村聚落的经济、社会和制度的改革，必然对乡村聚落未来的发展带来深远的影响和发展机遇。在新型城镇化的引导下，不少地区推行新型社区建设。如山东、河南等省份，部分县市实行了新型农村社区的定点规划（李小建等，2014）。

表 1 - 1 乡村发展的相关政策

政策来源	关于乡村发展的基本内容
2005 年《中共中央关于制定国民经济和社会发展第十一个五年规划的建议》	统筹城乡经济社会发展，扎实推进社会主义新农村建设
2006 年《关于推进社会主义新农村建设的若干意见》	加强村庄规划和人居环境建设
2007 年《关于积极发展现代农业扎实推进社会主义新农村建设的若干意见》	加快乡村基础设施建设力度
2008 年《关于切实加强农业基础建设进一步促进农业发展农民增收的若干意见》	继续改善农村人居环境；大力发展农村公共交通；积极推进农村信息化
2008 年实施新的《城乡规划法》	打破建立在城乡二元结构上的规划管理制度，进入城乡一体的规划建设新时代
2009 年《关于 2009 年促进农业稳定发展农民持续增收的若干意见》	推进城乡经济社会发展一体化
2010 年《关于加大统筹城乡发展力度进一步夯实农业农村发展基础的若干意见》	推进城镇化发展的制度创新；深化户籍制度改革，加快落实放宽中小城市、小城镇特别是县城和中心镇落户条件的政策
2012 年《坚定不移沿着中国特色社会主义道路前进　为全面建成小康社会而奋斗》	提出走新型城镇化道路，使城镇化质量明显提高，农业现代化和社会主义新农村建设成效显著

政策来源	关于乡村发展的基本内容
2013 年《关于加快现代农业进一步增强农村发展活力的若干意见》	提出深入推进社会主义新农村建设
2013 年《促进城镇化健康发展规划（2011～2020 年)》	优化城乡土地利用结构，有效化解城镇化进程中建设用地需求和耕地资源保护的矛盾；实行"人地挂钩"的政策
2014 年《全面深化农村改革加快推进农业现代化的若干意见》	提出推进乡村基本公共服务均等化和加快推进农业转移人口市民化
2015 年《加大改革创新力度加快农业现代化建设的若干意见》	加快构建新型农业经营体系，稳步推进农村土地制度改革试点
2018 年《中共中央国务院关于实施乡村振兴战略的意见》	提出乡村振兴 20 字方针"产业兴旺、生态宜居、乡风文明、治理有效、生活富裕"
2018 年《乡村振兴战略规划（2018～2022 年)》	顺应村庄发展规律和演变趋势，根据不同村庄的发展现状、区位条件、资源禀赋等，按照集聚提升、融入城镇、特色保护、搬迁撤并的思路，分类推进乡村振兴
2018 年《关于实施乡村振兴战略的意见》	科学把握乡村的差异性和发展走势分化特征，做好顶层设计，注重规划先行、因势利导、分类施策、突出重点、分类施策、典型引路

资料来源：根据中华人民共和国中央人民政府网站上内容整理。

　　根据时代发展的要求，党中央和国务院适时提出乡村振兴战略。乡村振兴战略是破解中国"三农"问题的金钥匙，为农业农村现代化建设指明了方向。其中，2018 年党中央和国务院印发了《乡村振兴战略规划（2018～2022 年)》，2019 年《中共中央国务院关于实施乡村振兴战略的意见》对实施乡村振兴战略进行了全面部署。这两个文件要求乡村发展应"顺应村庄发展规律和演变趋势，根据不同村庄的发展现状、区位条件、资源禀赋等，按照集聚提升、融入城镇、特色保护、搬迁撤并的思路，分类推进乡村振兴。""科学把握乡村的差异性和发展走势分化特征,做好顶层设计,注重规划先行、因势利导,分类施策、突出重点,分类施策、典型引路。"

4. 农业现代化促使乡村聚落经济结构和社会结构发生变化

近年来,随着资本、技术、管理等新的生产要素进入农业生产领域,中国农业生产效率逐渐提高。尤其是大型机械替代劳动力、高效安全的农业生物技术的利用,农业经营方式的产业化等,使得原来需 10 人耕作的土地,现在由 1 人便可耕作。中国农业现代化催生了农村地区土地流转,形成一批规模大、专业化水平高、组织经营方式合理的家庭农场。据统计,截至 2018 年底,进入农业农村部门家庭农场名录的有 60 万家(农业农村部,2019),是 2013 年的 4 倍多。家庭农场在提升农产品数量和质量、农业结构调整以及提高农民收入方面都收效显著。2020 年 3 月,农业农村部发布了《新型农业经营主体和服务主体高质量发展规划(2020~2022 年)》,规划提出到 2022 年全国家庭农场数量将有望达到 100 万家。农村土地要素已从本村农户间自发流转转向整块、整村流转。土地流转逐渐呈现出速度快、规模大的良好趋势。中国农村土地流转规模由 2005 年的 364 万公顷迅速增加到 2018 年的 3 593 万公顷,增加了 9 倍多(见图 1 - 5)。农业生产效率的提高促使农村劳动力要素进行重新配置。

农业现代化促使农村土地要素和劳动力发生分化,其主要表现在乡村聚落的经济结构和社会结构上。在经济结构上,乡村聚落逐渐由传统农业向现代农业转变,产业结构由第一产业向第二、第三产业转移。在社会结构上,一是农民职业的转变,由于农业生产效

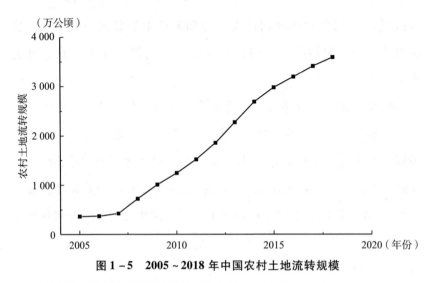

图 1-5 2005~2018 年中国农村土地流转规模

资料来源：中国农村经营管理统计年报（2006~2019 年）。

率的提高，农业生产不再需要过多劳动力，农民分化成职业农民、兼业农民和城镇居民；二是居住条件的变化，农村居民逐渐由乡村向城镇居住，享受城镇的基础设施和服务；三是生活方式和习惯的改变，由乡村文明向城镇文明转变，出现去乡村性趋势。

二、研究目标与研究意义

（一）研究目标

在中国快速城镇化和工业化进程中，大量农民进城，农业人口减少，同时，在乡村发展过程中出现按当地户籍分配居住用地，人口城镇化会使不少居民入城居住，由此带来城乡建设用地的空间错位（李小建，2013b）。因此，在乡村振兴战略实施过程中必然要考虑乡村聚落等级体系问题，确保乡村聚落的空间布局更加合理、舒适和集约。本书研究的总目标是在此背景下，以传统平原农区周口市聚落等级体系为研究主体，探讨其等级体系及其空间结构演变过程，以期为乡村振兴战略的实施提供相应的理论依据。

本书的具体目标可以分为以下几个方面：

目标一：聚落等级体系演变研究，包括等级结构演变特征、规模结构演变特征和影响因素分析。

目标二：聚落空间结构特征演变研究，包括聚落空间演化特征、演化模式和演化机制。

目标三：典型聚落的演变特征、功能演变和演变动力机制。

目标四：预测聚落发展趋势，为聚落合理发展提供政策建议，以期其适应城乡发展趋势。

（二）研究意义

聚落地理是地理学的主要研究内容之一。聚落是人类居住、生活、休憩以及进行各种社会活动的场所，是人类生产和社会活动的中心，研究聚落的形成、演变为探寻人类社会和自然生态系统相互作用规律、建立人地关系协调的空间秩序提供科学依据，尤其是中国现阶段大力推进的新型城镇化、新型工业化、农业现代化以及乡村振兴战略涉及中国几千年来形成的传统乡村聚落空间格局的巨大改变，研究聚落等级体系与空间格局演变具有极其重要的理论意义和实践意义。

1. 理论意义

（1）近年来，随着中国大规模地推进新型城镇化，中国聚落发展受城镇化的影响深刻，聚落呈现了强烈的动态性、复杂性和过渡性的变化特征，聚落的强烈变化一方面反映了城镇化过程中城镇空间的外扩，另一方面也反映了在城镇化进程中聚落的衰退、消亡或自我发展的过程。因此，在城镇化进程中，探究聚落等级体系及其空间结构的演变，进一步弥补克氏和施坚雅对中心地理论动态分析模式的研究不足，以及在新的因素和背景下聚落空间结构发生新的变化。这不仅进一步地丰富克氏中心地理论的研究成果，同时也是对聚落理论的丰富和发展，具有一定的理论意义。

（2）随着中国城镇化进程的加快，中国聚落面临着生产要素新的重组过程。从分散化向集约化、规模化和现代化发展，从"同质同构"向"异质异构"转变。农村市场经济的建立和完善也要求乡村聚落的生产要素按市场需求配置。本书以传统平原农区聚落为研究对象，探讨聚落等级体系及其空间演变，对有效协调城乡关系，统筹城乡发展，并推动聚落理论的发展具有一定的意义。

（3）本书运用理论分析与实证相结合，定性研究与定量研究相结合的方法，论证聚落的空间结构与社会空间结构，并对聚落的空间结构与社会空间结构的关系进行深入分析，对促进城乡聚落与其他学科的交叉研究具有一定的意义。

2. 实践意义

在经历了长时期的城乡二元结构之后，中国当前的主要任务是在新型城镇化和新型工业化快速推进过程中，科学处理城乡关系、统筹城乡发展，实现城乡融合发展。城乡融合的实现首先必须合理引导农村人口有序流动与迁移，使其在聚落中合理分布，由此形成聚落建设在空间布局上的理想模式。

（1）有利于合理优化乡村聚落人口等级体系。科学合理的乡村聚落等级体系规划以及乡村聚落人口有序流动与合理分布，改变了传统乡村聚落密度大、规模小、分布零散和同质性强的特点，确定哪些乡村聚落具有发展潜力，鼓励具有潜力的乡村聚落发展成中心村或中心村镇，以便构建中心镇——一般集镇—中心村—基层村的网络等级体系，不断提高乡村聚落综合承载能力，使乡村聚落等级体系和人口与经济规模布局日趋合理，乡村集聚效应不断提高，生态系统运行更加和谐。

（2）有利于乡村振兴中聚落集中化与土地集约化。当前，在中国新型城镇化和工业化迅速推进的过程中，大量乡村人口向城镇第二、第三产业转移，乡村聚落空心村数量增加，土地闲置现象突出。通过对聚落等级与空间结构的研究，可以合理地布局聚落体系，推进聚落的集中化与土地集约化，既可以降低聚落的基础设施和服务设施的供给成本，又可以节约耕地，为农业规模化、现代化经营提供可能。

（3）有利于合理布局乡村工业和小城镇的建设。聚落等级体系的研究可以探究聚落中心地与聚落腹地之间的相互作用，合理布局乡村工业和小城镇的建设，既可以吸引大量乡村剩余劳动力就业与城镇化，又能以小城镇建设为基础，形成城乡资源共享，功能互补的新型城乡关系。从而从根本上改变城乡分割的局面，提高乡村居民的物质文化生活水平。

三、研究思路与框架

本书拟在城镇化、工业化、农业现代化和乡村振兴战略背景下，研究聚落等级体系及其空间结构演变过程，重点探讨快速城镇化对聚落等级体系及空间结构的影响，并提出聚落发展趋势及调控机制。本书的研究框架如图 1-6 所示。

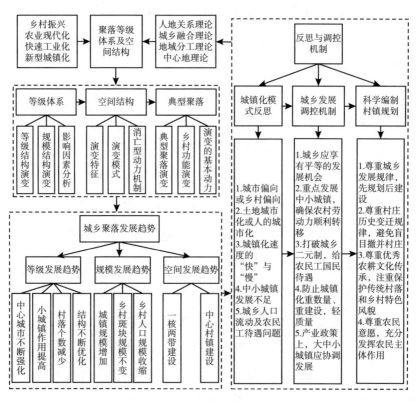

图 1-6　研究框架

资料来源：作者自绘。

四、研 究 内 容

本书结合中国快速城镇化和工业化发展进程,试图厘清聚落等级体系及其空间结构演变特征,进而揭示传统农区城镇化、工业化和农业现代化进程中聚落体系的发展规律,对探索传统平原农区聚落未来发展趋势,丰富聚落演变规律的相关理论、促进城乡融合发展和乡村振兴,明晰聚落未来发展方向具有重要的理论意义和实践意义。本书的具体内容可以分为以下几个方面:

(一) 聚落的等级体系演变

聚落等级体系包括村庄(自然村与中心村)、集镇(一般集镇与中心集镇)、城市等空间类型,是一个相互联系的有机整体,每种类型的聚落在整个系统中具有不同的职能。因此,本书拟以 1973 ～ 2015 年传统平原农区周口市大比例矢量数据为依据,探究新型城镇化和工业化进程中,聚落的等级结构和规模结构的演变,探讨时间序列变化中的聚落等级体系的演变因素,以期厘清聚落等级体系的演变,为乡村振兴战略的实施提供参考。

(二) 聚落空间格局及其演化

本部分研究分为两个空间层次:整体空间层次和典型村庄微观层次。

1. 整体空间层次

主要从研究区域整体上表现聚落空间结构，用 1973 年、1990 年、2000 年和 2015 年四个不同时段的影像分析研究区内的聚落空间演变特征、演化模式和演变机制。

2. 典型村庄微观层次

针对聚落发展的不同空间模式，选取具有代表性的典型聚落，从微观视角研究传统平原农区聚落内部演变特征。

（三）聚落等级体系与空间格局演变机理研究

聚落的空间演变是一个动态的现实空间过程，是诸多因素共同作用的结果。聚落空间结构演变过程拟从经济、社会和要素因素等方面展开，通过一系列验证和综合分析相结合的方法构建乡村聚落空间格局演变机理，试图揭示自然环境、人口、区位、土地利用等因素的具体作用机制。

（四）聚落发展趋势与调控机制

聚落空间研究的目的是通过分析聚落空间演变规律，把握聚落的演变趋势和发展方向。周口市未来聚落个数是否会减少？聚落之间的距离是否会变大？聚落的规模是否会变大？其内部空间结构是否向高空发展？聚落区位选址是否向区位条件较好的地方转移？聚落形态是否会变得规则有序？等等，需要进一步预测聚落的发展趋势，并根据相关预测做好调控与对策体系，促进聚落有序发展。

第二章

国内外研究进展与述评

　　乡村聚落是农村居民与周围自然、经济、社会和文化环境互相作用的现象与过程（金其铭，1988a），是乡村地理学的一个重要研究领域。目前中国仍有约 5.5 亿农村人口居住和生活在上百万个乡村村落与集镇里（国家统计局，2020），乡村聚落仍然是中国人口的主要聚居形式（周国华等，2011）。然而随着中国城镇化进程的快速推进，乡村聚落正发生着剧烈变化。一方面，城镇作为区域经济中心吸引大规模乡村劳动力向城市迁移，有力地促进了中国经济社会的快速发展（陆大道，2013；陈明星等，2010），经济社会的快速发展又进一步吸引乡村劳动力向城市迁移，造成乡村聚落（人口）规模不断缩小；另一方面，城镇化进程使城市人口增加和城镇规模扩大，城镇不断向外围扩张，大规模地侵蚀城镇周边的乡村聚落，使大量农民被迫城镇化，乡村聚落面临着形态演变和现代转型（韩非、蔡建明，2011）。因此，在中国快速的城镇化推进过程中，乡村聚落发展研究将成为学界和政府所关注的热点。基于此，本章在概述国内外乡村聚落研究发展历程的基础上，从地理学学科视角对国内外乡村聚落相关研究进行梳理分析和评述，并对未来研究趋势进行了展望。

一、国外研究进展

（一）国外乡村聚落研究的阶段

1. 起步阶段

19 世纪，国外就开始研究乡村聚落，早期研究主要集中在自然环境与聚落之间关系方面（陈宗兴、陈晓健，1994）。德国地理学家科尔（J G Kohl）在其 1841 年出版的《人类交通居住与地形之关系》论著中，对不同聚落类型进行了相关比较研究，分析了自然环境、地形和交通等与聚落分布状况的关系，并着重说明地形差异对聚落区位的影响（赵思敏，2013）。梅村（A Meitzen）1895 年研究了德国北部农村聚落，系统分析了聚落形成的因子、聚落形态和聚落发展条件与过程，为聚落研究初步提供了理论基础（金其铭，1988b）。德国学者路杰安（M Lugeon）1902 年对地形、日光等自然环境要素与乡村聚落位置的关系进行了深入研究（金其铭，1988）。此后，白兰士（V Blache）、白吕纳（J Brunhes）等法国地理学家系统分析了自然环境与乡村聚落的关系，对乡村聚落的分布、类型及其演变等进行了研究（白吕纳，1935；郭焕成，1988）。

2. 发展阶段

20 世纪 20~60 年代，乡村聚落研究逐渐兴起，主要侧重于村落的形成、发展、规划及类型等方面研究，并在理论研究上取得较大进展（陈宗兴、陈晓健，1994）。1933 年德国地理学家克里斯泰勒提出了"中心地理论"（克里斯塔勒，2010），为乡村聚落的研究和实践提供了重要理论基础，促进了乡村聚落的中心规划、空间体系等实践研究。阿·德芒戎（A Demangeon）对法国乡村聚落类型和形态进行了研究（阿·德芒戎，1993）。此外苏联学者也提出过生产分布对居民点布局具有重要影响的结论（金其铭，1988b）。

3. 计量变革阶段

在"计量革命"与"行为革命"影响下，20 世纪 60～80 年代乡村聚落在研究方法上出现了重大转变，趋向定量和定性研究相结合，同时行为科学的研究成果也被运用到乡村聚落研究，人类决策行为影响聚落分布、结构与形态的作用被强调（Grath B M，1988；赵思敏，2013）。

4. 转型重构阶段

随着人本主义思潮的兴起和地理学研究的"文化转向"，国外乡村聚落在研究范式上逐渐向人文与社会方向转变，研究内容更加多元化和丰富，从社会学、生态学、经济学等学科角度进行研究成为趋势，农村社区、城乡关系、乡村政策、人口与聚落、乡村聚落模式的演变等以往研究被忽略的部分成了聚落研究的主要问题（石田宽，1995；惠怡安，2010）。近年来国外乡村工业化与城市化的快速发展也促使乡村聚落空间结构与体系发生了较大改变（Ruda G，1998），乡村重构研究逐渐受到国外研究者的重视，涉及乡村的聚落重构、空间重构、社会经济重构等方面（Kiss E，2000；Halfacree K，2006；李红波、张小林，2012）。

(二) 国外乡村聚落发展特点和趋势

总体来看，国外乡村聚落的研究起步早且较为系统全面，具有以下特点和趋势：

1. 区域范围广，多尺度研究相结合

主要集中在欧美等发达国家和地区，随着发展中国家经济快速发展和乡村转型，中国等发展中国家的乡村聚落研究逐渐受到重视（Woods M，2005；Luo P，2007；Zhu F K et al.，2014）。涵盖宏观、中观和微观的多尺度探索，研究尺度逐步向县域特别是村域层面转变。

2. 研究视角社会化

国外研究较多从地理学、社会学、生态学等学科角度，运用相关学科理论，以应对全球化、现代化的大农业生产（Woods M，2005）和区域城市化（Scotton A J，2011）、工业化（Antrop M，2000）对乡村聚落的影响，愈加重视人类经济社会要素对乡村聚落的影响研究。研究内容涉及乡村聚落政策（Sillince J A，1986）、乡村发展问题（Sergei S，2006）等方面。1990 年以来，乡村聚落研究开始了后现代转向，表现在对乡村"被忽略方面"的系列研究，研究内容涉及乡村社区、乡村景观、城乡关系和乡村社会问题等方面（Eva K，2000）。

3. 研究内容侧重乡村转型与重构

主要集中在乡村聚落布局影响因素研究（Banski J & Wesolowska M，2010）、形态和类型研究（Sevenant M & Antrop M，2007）、土

地利用研究（Popper D E，2013）、空间地域组织研究（施坚雅，1998；Mulligan G F et al.，2012；Ploeckl F，2012）、景观生态研究（Siracusa G et al.，2008）、村镇规划研究（Aguilar F J et al.，2007）等方面，研究内容上日益广泛与多元化，更加重视乡村聚落转型重构研究和社会人文研究。

4. 研究方法向多学科综合性转变

愈加强调定量与定性相结合和多学科综合性研究。综合而言，国外乡村聚落比较重视多学科综合研究，注重对乡村聚落出现的各类新问题和新现象进行剖析，并运用新理论和新方法对其进行分析研究，这是需要注重借鉴的方面。同时也要看到在国外发达国家城市化进程中，也产生了较多的各类乡村聚落问题，而在国外的相关研究中，仍较缺乏对国外城镇化进程中乡村聚落演变及其影响机理的研究总结分析，对聚落如何协调发展的研究成果也不足。当前中国正处于快速的城镇化和工业化发展阶段，国家正在大力推进新型城镇化和乡村振兴战略，这需要不断跟踪国外研究新趋势，同时也要汲取国外乡村聚落发展中的经验和教训，结合中国具体国情，加强国内乡村聚落的研究，以促进城乡融合发展和乡村振兴。

二、国内研究进展

（一）国内乡村聚落研究发展概述

国内对乡村聚落研究起步较晚，研究可分为四个阶段（李骞国等，2005）。一是萌芽起步阶段。从 20 世纪 30 年代，林超、陈述彭等老一辈地理学家开始了乡村聚落的研究，这一阶段主要是中华人民共和国成立前的相关研究，受国外学术研究思潮影响，研究主要集中在聚落与地理环境之间关系的初步分析方面（林超，1938；陈述彭、杨利普，1943），研究范围比较小，研究方法以定性描述分析为主。二是初步发展阶段。这一阶段主要是中华人民共和国成立后到改革开放前对乡村聚落开展的研究。50 年代后期到 60 年代初期，村镇规划作为乡村地理研究组成部分受到了一定的重视，吸引了一些地理研究者参与（金其铭，1988a），其中吴传钧先生对聚落等级进行了研究，提出"市镇度"概念并使用这个概念去衡量聚落的发展程度（吴传钧，1998），该阶段主要是对乡村聚落类型、等级以及布局进行了一些初步研究，研究方法仍较多使用定性描述分析。三是快速发展阶段。该阶段主要是中国改革开放以后到 20 世纪末，伴随着中国经济与社会的转型，乡村聚落研究得到迅速发展并成为一个研究热点，研究内容逐渐多样化，主要集中在聚落区位布局、类型、规模、体系、空间结构以及聚落演变方面，研究方法开始定性与定量研究相结合并注重计量分析。四是全面发展阶段。进入 21 世纪以来，利用空间计量方法对乡村聚落的空间分析研究越来越受重视，同时受人文地理学研究的文化转向影响，开始重视乡村聚落人文和社会方面的研究，研究内容日益表现多元化，多学科综合研究也得到加强。

（二）近年来国内乡村聚落主要研究内容

1. 乡村聚落区位研究

乡村聚落区位研究主要表现为其分布位置、特征及其影响因素研究。首先，乡村聚落分布位置与特征研究。在研究尺度上，乡村聚落在全国尺度上的分布特征具有地带性，呈现"东密西疏"的分布格局（田光进等，2002；郭晓东等，2013；马利邦等，2012），不同地形上，乡村聚落分布位置不同（马晓冬等，2012；肖飞等，2012）。此外郭晓东等（2013）研究发现乡村聚落类型不同其分布的区位不同。乡村聚落区位研究在方法上多借助于遥感影像和地理信息系统（杨存建等，2009）。其次，乡村聚落区位影响因素及演变研究。早期聚落分布多受自然因素影响（冯文兰等，2008），随着社会生产力的发展，乡村聚落受人为因素影响越来越大（汤国安、赵牡丹，2000；郭晓东等，2010），乡村聚落距离交通线和中心城镇的距离是影响聚落分布的重要因素（李红波等，2012）。最后，乡村聚落区位的综合研究。乡村聚落区位选择要综合考虑自然条件、资源禀赋、社会经济基础以及与周围相邻聚落的关系（李小建，2013），结合现代社会发展中城市化、市场发展、基础设施、地域文化等因素开展综合分析（周晓芳等，2011；郭晓东等，2012）。另外，重大事件也可能造成乡村聚落区位再选址（李孝坤等，2013）。当前乡村聚落的分布越来越受人文经济因素影响，区域经济因素、交通基础设施因素以及政府政策等对聚落分布和布局影响越来越大。在中国乡村振兴实施过程中，聚落的区位选择应综合分析所选区位作为人居聚落所具有的优势，该区位周边地区的自然、经济与资源等状况，考虑所选区位与周围毗邻聚落之间的关系（李小建、罗庆，2014）。

2. 乡村聚落规模研究

乡村聚落的规模及其等级次序分布，是乡村聚落结构的主要特征（郭晓东等，2010）。乡村聚落规模一般体现在聚落人口、用地与经济总量上（李瑛、陈宗兴，1994；范少言、陈宗兴，1994）。乡村聚落规模既受气候、地形等自然因素的影响和经济社会发展条件的制约，也反映居民聚居习惯方面的差异（金其铭、陆玉麒，1984；田光进等，2002）。从全国范围看，乡村聚落规模北方大于南方，经济发达地区大于经济欠发达地区；从地形上看，不同地形其乡村聚落规模大小不同，平原区乡村聚落规模大，山区乡村聚落规模小，丘陵区乡村聚落规模以分散、小规模的聚落为主（田光进等，2002；牛叔文等，2006）。陈晓键等（1994）发现交通线对乡村聚落规模及分布走向均有影响，在交通线交汇或河流与大道交会处往往形成较大规模聚落。一些学者发现乡村聚落规模存在集聚特征（李全林等，2012；单勇兵等，2012）。不同地形不同时期的乡村聚落用地规模，其扩展方式不同。在乡村聚落扩展不受地形因素制约且其有足够土地能养护聚落人口状况下，乡村聚落表现为由内向外的扩展，其规模不断扩大，当聚落空间扩展受到限制，乡村聚落发生跳跃性扩散并逐渐形成新的村庄（郭晓东等，2008）。在城市化、工业化进程中，乡村聚落用地规模的外扩，其内部易出现空心化现象（程连生等，2001；王成新等，2005；李君、李小建，2008；龙花楼等，2009；刘彦随等，2009），其外扩速度受人口和家庭规模变化、社会经济发展与收入增加、交通条件改善、土地政策等影响（冯文勇、陈新莓，2003）。近年随着城市化和工业化进程的快速推进，有学者认为乡村聚落人口规模应保持在一定范围内（陈瑛、陈宗兴，1994）。

3. 乡村聚落类型与分类研究

乡村聚落类型与分类实质上反映了乡村聚落景观结构的地域分

布规律和特征（范少言、陈宗兴，1995）。其类型的变化是乡村聚落自然环境和人类社会经济活动双重作用下的产物（金其铭，1982；李德一等，2008），对乡村聚落类型研究可揭示其生长过程和演化规律。乡村聚落形态较易受到自然地理环境和邻近地物因素的影响，具有明显的地域差异，因此乡村聚落形态多以小区域为研究对象。从地形上看，不同地形的乡村聚落类型不同（尹怀庭、陈宗兴，1995；鲁西奇、韩轲轲，2011；马利邦等，2012），山地地形区由于受自然地理条件和环境约束，乡村聚落多以散居型为主（鲁西奇、韩轲轲，2011），丘陵高原区乡村聚落多表现为集聚型、松散团聚型和散居型三类（尹怀庭、陈宗兴，1995；马利邦等，2012），平原地区乡村聚落多团状、带状和环状（赵思敏，2013）。非农产业产生的集聚效应与交通状况的改善，使乡村聚落多呈现条带状和集聚型（范少言、陈宗兴，1995）。乡村聚落类型与其空间分布存在密切相关性，经济发展水平相对较高的集聚型、大中型等乡村聚落主要分布于河谷川道等地区，而经济相对较落后的分散型、小型等乡村聚落则主要分布于丘陵山区和黄土高原区（郭晓东等，2013）。在特殊资源条件约束下，乡村聚落会表现出特有形态（岳邦瑞等，2011）。在方法上，通常运用 RS 和 GIS 的空间分析和聚类分析（单勇兵等，2012；朱彬、马晓冬，2011）。随着社会经济发展，对乡村聚落的分类逐渐由传统的乡村聚落景观类型分析向社会经济因素转变（龙花楼等，2009；李裕瑞等，2011）。龙花楼等（2009）运用社会经济指标将东部沿海乡村聚落分为农业主导、工业主导、商旅服务和均衡发展四类，李裕瑞等（2011）将黄淮海地区的乡村聚落分为工商业主导发达型、农工主导发达型等八类。

目前国内乡村聚落形态分析仍多采用静态的截面影像分析，多时段的动态演化分析较少。

4. 乡村聚落体系研究

乡村聚落体系是指在政治、经济、交通及文化等因素的影响作用下，在一定区域范围内，一些在地域与职能方面紧密相关的乡村聚落所形成的具有功能分工和层级结构的聚落群体（李瑛、陈宗兴，1994；张姣慧，2013）。乡村聚落等级规模与其功能构成紧密相关，职能构成越复杂其等级规模越大（李瑛、陈宗兴，1994）。有关聚落体系空间组织方面，国内学者受中心地理论影响，用实证案例验证或修正中心地理论较多（袁莉莉、孔翔，1998；李立，2007）。乡村聚落体系是一个由自然、经济、政治和文化诸多因素构成的自组织社会网络，不同的因素相互交织、重叠构成了乡村聚落体系的开放性、非平稳性和自组织性（陈彦光，1998；单伟东、陈彦光，1998；吴江国等，2013）。正是由于乡村聚落体系具有开放性、非平稳性和自组织性，使得影响乡村聚落的因素处于不断的变化之中。乡村聚落体系尽管在一定条件下处于相对静止状态，但随着政治职能变化、交通线改变和人为因素影响，都可以直接或间接地导致乡村聚落体系发生变化（金其铭、陆玉麒，1984）。部分学者发现乡村聚落体系具有分形的特征（陈彦光，1998；吴江国等，2013），其模型与城市相同（陈彦光，1998；单伟东、陈彦光，1998），因此在以后的工作中也可利用分形思想进行聚落体系规划，有效地利用地理空间资源。此外在城乡一体化的进程中，乡村聚落体系面临着重构（雷振东，2009），国内学者也依据中心地理论对乡村聚落体系做了许多有益的实践，如中心村的选址与布局（蔡瀛、孙波，2005；王斯达。2012）、聚落体系模式（葛丹东、华晨，2009）等。当前国内对乡村聚落体系的职能及演变机制的分析仍相对有限。

5. 乡村聚落空间结构研究

乡村聚落空间结构是在一定经济发展水平下乡村聚落区域空间分布的综合反映，是乡村社会经济文化过程综合影响的结果（范少言、陈宗兴，1995）。基于目前乡村聚落相关研究，乡村聚落空间结构研究可划分为三个层面：一是区域乡村聚落空间结构研究，即从整体上研究区域内乡村聚落特征的差异、组织与空间分布（范少言、陈宗兴，1995）。区域性乡村聚落空间结构研究主要以张小林、李立为代表，他们认为苏南或江南的乡村聚落空间结构是"村落结构化"或"结构网络化"（张小林，1999；李立，2007）；二是群体乡村聚落空间结构研究，即研究中心性村落与其吸引范围内的村落互相作用而形成的一种地域关系（范少言、陈宗兴，1995）。中国传统的"天人合一"理念和"风水"理论长期主导着中国乡村聚落的空间格局（金涛等，2002）。这些乡村聚落的空间要素构成无论在水平方向上和垂直方向上均表现出以人类活动为中心的圈层结构；三是单体乡村聚落空间结构研究，即单个村落空间演变所遵循的模式，主要研究内容有单个村落用地组织、区位、规模、社会结构等方面（范少言、陈宗兴，1995）。近年来，乡村聚落空间结构愈来愈受到人类活动的影响，在快速工业化和城市化进程影响下，一些乡村缺失建设规划，土地管理不严，形成了较多乡村空心化现象（龙花楼等，2009；刘彦随等，2009），聚落空间结构面临着的解体与新的重构（李君、李小建，2008；雷振东，2009）。随着空心聚落的空间结构的分化，乡村聚落社会关系也出现分化（李君、李小建，2008），乡村聚落空间格局研究逐渐从整体空间结构向微观的乡村聚落内部结构解析，其研究方法和视角也多样化，地域选择由特殊区域向一般区域转变。

6. 乡村聚落空间演变研究

乡村聚落空间演变研究内容主要包括演变影响因素和机制以及演变模式等。自然因素是乡村聚落空间演变发展的基础，而人文社会因素则对空间演变产生重要影响（郭晓东等，2012；尹怀庭、陈宗兴，1995）。随着工业化与城市化的不断推进、农业结构调整优化和乡村经济的发展，工业化、城市化和经济因素对乡村聚落空间演化作用逐渐增强（郭晓东等，2010），城市化和工业化进程中乡村聚落空间的演变受城市用地、人口、产业、基础设施以及价值观念等多方面因素影响（邢谷锐等，2007）。邢谷锐等（2007）将乡村聚落空间演变类型分为主动性、被动型和消极型。部分学者从单体的乡村聚落微观角度研究空间演变的影响因素，范少言和陈宗兴（1995）认为农业生产技术与新方法的应用和居民对生活质量的追求是导致乡村聚落空间结构变化的根本原因。

乡村聚落空间演变的影响因素十分复杂，在不同区域或同一区域不同发展阶段，各类因素间的相互耦合关系与主导因素也不尽相同，乡村聚落空间的演变机制也表现出不同特征。周国华等（2001）构建了乡村聚落基础因子、新型因子和突变因子的"三轮"驱动机制，认为乡村聚落空间演变一般经过初期阶段、过渡阶段、发展阶段与成熟阶段。席建超等（2011）从微观尺度探讨了乡村聚落旅游用地空间演变，认为市场需求、自然地理环境、农户行为和政府调控等因素相互作用，共同驱动村庄用地空间格局的变化。龙花楼等（2009）对空心村演变的特征进行分析，认为城乡接合部的乡村聚落一般经历实心化、亚空心化、空心化和再实心化等四个阶段。乡村聚落空间演变仍是当今学术界研究的热点问题，但是实证研究多于理论研究，缺少理论创新。

（三）研究评述与展望

1. 研究评述

在注重借鉴国外相关研究基础上，国内乡村聚落研究紧密联系社会经济发展和国家具体现实需要，研究内容不断扩展和深化，研究成果丰硕。同时注重运用 3S 技术[①]和定量方法，重视乡村聚落计量分析研究，促进了乡村聚落研究深度的增强。然而面对城镇化和工业化快速推进产生的较多乡村聚落问题和现象，面对中国乡村发展的区域差异复杂多样，面对新型城镇化和乡村振兴战略发展背景要求，国内乡村聚落研究也存在一些不足和需要加强的地方。

（1）基于城乡融合发展和农户视角的研究相对较少。国内正处于城镇化、工业化的加速发展阶段，城乡相互影响不断加剧，城乡依存发展，同时随着新型城镇化目标提出，乡村聚落研究必须置于区域城乡一体化协调发展框架下进行相关分析。而目前城市与乡村聚落研究往往被割裂开来，对于乡村聚落的研究，较多的是就乡村论乡村，多为脱离城镇化发展背景的相关研究，基于城乡一体化视

---

① 即遥感技术（remote sensing，RS）、地理信息系统（geography information systems，GIS）、全球定位技术（global positioning systems，GPS）。

角的城乡统筹发展和城乡互动相关研究仍较少。此外乡村聚落研究较多以聚落实体空间特征作为研究切入点，较多侧重聚落外部环境条件和传统因素对乡村聚落的影响，而往往忽视了聚落系统构成的主体"农户"对聚落发展的影响，缺乏从人的角度去研究农户的行为活动与需求规律对聚落所产生的影响，从微观视角对农户及其行为影响乡村聚落演变的关注较少。

（2）不同区域和尺度的乡村聚落研究仍较欠缺。中国乡村地域广大，区域间自然和经济差异较大，不同地域类型和不同经济发展水平下的乡村聚落呈现的问题也复杂多样，地区差异明显。乡村聚落环境的复杂多样性导致乡村聚落演变发展过程的复杂多样性，在不同环境背景影响下，不同类型地区和不同尺度乡村聚落的演变路径也存在较多差异性。而乡村聚落研究大多集中在省县市等大中观尺度，对微观尺度及多尺度相结合的研究关注不够，研究区域也多集中在特定区域，不同区域类型和多尺度乡村聚落研究仍较欠缺，从区域差异和不同研究尺度视角进行的乡村聚落比较研究分析和归纳总结更少。

（3）乡村聚落体系、演变与重构等研究仍需进一步深化。随着国内经济社会加速转型，乡村聚落发展演化已进入一个新的阶段，而当前一些乡村聚落研究仍跟不上社会发展形势的需要，缺乏对未来发展的前瞻性研究，在研究内容和深度方面仍需结合社会发展变化趋势和国家政策目标进行深入研究。一是在城乡统筹背景下对乡村聚落体系和职能等相关研究仍不够深入，如何建构合理乡村聚落体系仍是需要重视的一个研究领域；二是在中国快速城市化、工业化进程中，乡村聚落演变研究静态分析较多，动态演变研究成果较少，对未来乡村聚落演变发展趋势预测研究不足；三是面对城镇化推进所带来的农村居民点扩张无序、聚落空心化、土地利用不合理等现象，面对乡村聚落空间分化与重组的新格局（李红波、张小林，2012），强化乡村聚落的转型重构研究非常必要，而相关研究仍较薄弱。

（4）缺乏理论创新，多元化研究深度不够。乡村聚落实证研究多于理论分析和探索，乡村聚落研究较多集中于具体案例的研究，其研究方法、内容和具体结论多具有同质性，欠缺深层次的理论研究总结。乡村聚落理论研究与城市聚落理论研究相比，基础理论研究进展缓慢，理论创新性不足。同时乡村聚落研究在多学科融合方面尽管已取得一定进展，但各个学科研究方向之间仍缺少内在融合，仍需加强多学科交叉和综合研究。

2. 研究展望

（1）基于城乡融合背景下乡村聚落体系规划研究。城乡聚落体系结构的不断优化调整，对中国这个以农村居民占主体的国家具有重要意义（李小建、罗庆，2014）。乡村聚落体系与职能作为乡村聚落地理研究的一个基本内容，相比较城市聚落体系的相关研究，目前对乡村聚落体系的研究仍较少，在研究中常被忽视。随着城镇化水平不断提高，乡村人口不断减少，农村聚落出现的空心化和扩张无序等问题，乡村聚落体系的不合理性已逐渐显现。尽管部分学者针对问题进行了一些村镇聚落体系规划的实践工作，但多数仅限于利用中心地理论指导聚落体系的规划，缺乏一定理论创新。科学合理的城乡聚落体系有利于区域整体发展效率的提升，在当今新型城镇化和乡村振兴战略背景下，未来研究应从城乡区域融合的综合视角，将乡村聚落作为城乡聚落体系中的重要组成统筹考虑其变化发展，将城乡聚落视为一个体系，城市与乡村共同研究，积极开展符合中国国情的乡村聚落体系和职能的理论和实践研究，建构合理有序的城乡聚落体系结构，促进城乡聚落的统筹发展，以期为新型城镇化建设与乡村振兴战略提供有力支撑。

（2）工业化、城镇化进程中乡村聚落演变发展趋势。预测研究受内外部各种因素影响，乡村聚落演变的过程和机理较为复杂，就目前研究现状而言，国内对乡村聚落空间演变机理机制研究仍较少，缺少城市与乡村聚落之间的互动机制研究，缺乏对未来发展趋势的预测研究。在工业化与城镇化快速推进过程中，农村人口减少、农业多功能性等给乡村聚落形态、功能结构等带来较大改变，同时面对国家出台的各项政策与措施，如乡村振兴战略、农村居民点整理、农村土地流转、新型农村社区建设、户籍改革、城乡统筹等对乡村聚落的各种影响，继续重视分析工业化、城镇化阶段中乡村聚落演变的研究，对未来乡村聚落的发展演变趋势进行预测和开展前瞻性分析，以与社会经济发展和国家政策要求相适应，是乡村聚落研究中仍需重视的一个课题。在未来的研究中，一是要针对国家对农村发展的各项改革和政策，针对乡村与城市各种要素的互动加强和城乡相互影响不断增加，从城乡互动和区域一体视角，做好乡村聚落演变过程、阶段、动力机制和驱动因子以及演变趋势的预测，通过研究乡村聚落的演变规律特征，探索乡村聚落未来的演变方向和发展趋势，以建构聚落调控与发展对策体系，促进城乡聚落有序发展；二是重视从"农户"等微观视角的乡村聚落演变研究。随着社会经济发展对农户经济和社会行为的影响加深，关注农户微观主体对乡村聚落的影响越发重要，基于"农户""家庭"等视角，研究农户各种行为对乡村聚落演变的相关影响将是一个新的研究趋势。

（3）社会转型背景下的乡村聚落重构研究。近年来，在乡村城镇化、工业化和政府调控等外部因素和乡村聚落自身社会经济文化等内部因素日趋影响下，中国乡村聚落进入功能转型和空间加速重构的关键期，同时中国又是一个自然灾害频发和大型工程建设较多的国家，灾害重建工作和工程移民以及生态移民也需要重构新的乡村聚落，在此背景下乡村聚落重构将成为今后国内乡村聚落地理研究的主要内容。聚落重构将面临新的人地关系协调、社区重组、聚落生态等问题，在"工业反哺农业"、新型城镇化、乡村振兴战略等背景下，如何因地制宜地重构乡村聚落，完善乡村聚落的公共服务体系、生产、生活、生态、交通等聚落功能，重构合理的乡村聚落生产、生活和生态空间（龙花楼，2013），以实现城乡融合发展和乡村振兴，将是当前乡村聚落转型重构研究的一个新现实要求。因此在宏观尺度方面应加强区域乡村聚落体系的重构和聚落空间组织的重构研究，注重区域聚落体系的协调和空间布局重构的科学合理，而在微观尺度上应关注乡村聚落的景观生态环境和社会重构等问题。此外农户行为和地方因素对乡村重构的影响越来越明显（李红波、张小林，2012），在研究中也应关注聚落居民的态度、村域产业、资源禀赋、地方政策等对聚落重构的影响，重视从国家、地方和农户综合角度关注聚落重构的治理过程研究。

（4）基于区域差异性和不同尺度的乡村聚落研究。重视区域差异和不同尺度分析是地理学在研究中所提倡的理念。中国处于经济社会发展的转型期，乡村聚落研究呈现出的问题复杂多样，不同社会经济发展水平的区域，不同尺度的地域和不同地域类型的乡村聚落的自然地理环境、发展阶段、空间特征、等级体系及其演变必然具有区域性和阶段性特点。不同社会经济发展水平、不同尺度和不同地域类型的乡村聚落，由于其自然环境、土地利用方式、生产力水平、交通通达性、聚落规模和密度、社会化组织与文化观念各不相同，它们之间演化规律仍有较大差异，影响主导因素也不相同。因此，应针对中国社会发展和地理环境的较大区域差异性，基于不同经济区、自然区、政策区和不同研究尺度，根据具体情况重视对不同发展水平、不同尺度和不同地域类型的乡村聚落进行研究，探寻不同类型乡村聚落变化中的内部规律及其形成机理，并提出相应的发展调控模式。同时也应加强不同尺度和类型区域乡村聚落研究的横向和纵向分析比较，采取相应方法、原则、指标进行归纳总结，加强农村聚落发展的普适性研究，以完善和丰富乡村聚落的研究方法与理论。

（5）重视理论研究和跨学科多元化交叉研究。乡村发展与建设过程中之所以产生较多聚落发展问题，主要是其指导理论基础仍较薄弱（李小建、罗庆，2014）。乡村聚落问题研究涉及面较广，亟须不断加强理论方面的创新。因此面对国内乡村聚落发展演化过程出现的新问题和新课题，应不断借鉴和运用相关学科理论和方法，在注重实证研究的同时，更应加强乡村聚落的基础理论问题研究，重视乡村聚落问题和现象产生背后的机理机制等研究，重视理论创新。

乡村聚落是一个涉及社会、经济、资源和环境等诸要素的复杂系统，开展学科的交叉综合研究，建立综合性分析框架，促进乡村聚落研究不断发展是必然趋势。特别是 20 世纪 90 年代以来，多学科的研究视角和方法不断融入乡村聚落研究，区域经济学、建筑学、社会学、生态学也开始重视乡村聚落研究，逐步开始将传统乡村聚落视为物质空间和社会文化的统一体来进行研究。如何将乡村聚落研究与区域经济学相结合，以研究乡村聚落的产业发展与转型，如何加强 3S 技术和数学模型等研究手段，以进一步探索新的、合理的计量模型去研究乡村聚落，如何将乡村聚落研究与规划学、建筑学相结合，为乡村振兴战略规划提供科学依据，可能是今后跨学科多元化研究的趋势。

第三章

研究区概况、数据
处理及研究方法

以河南省为代表的传统农区，其城乡发展呈现出多样性和复杂化的特征。在豫北安阳、新乡等地非农产业发达，以工业为主导的城乡地域逐渐兴起，城乡地域经济、社会等景观正经历着剧烈变动；以豫东、豫西和豫南等地以传统农业发展为主，其经济发展水平相对落后，自身在发展过程中面临着耕地数量减少、破碎化、非粮化以及村庄空心化等问题；以环郑州都市圈为代表的城乡地域传统农业生产功能逐渐衰退，生态文化功能日益凸显，就业结构、产业结构和城乡关系逐渐发生改变，如何实现城乡地域土地和人口两大要素整合是其所面临的重要问题。与此同时，河南省还肩负着国家粮食安全的重任以及如何实现自身区域发展等问题。这些特征对探讨聚落体系空间结构演变具有一定的代表性，对促进中国城乡融合和乡村振兴具有重要的引领与示范作用。基于此，本书选择豫东地区周口市作为典型案例区，探究周口市聚落等级结构及其空间演变，以期为新时期中国城乡融合战略提供科学参考。周口市的具体概况如下。

一、研究区概况

　　周口市位于河南省东南部，地处黄河冲积扇平原，淮河主支流颍河流经于此，是黄河文化的重要发源地之一。东临安徽省阜阳市，西接河南省漯河市、许昌市，南与驻马店市相邻，北和开封市、商丘市接壤。全市面积 11 959 平方千米，户籍总人口 1 166.15 万人，常住人口 866.22 万人（周口市统计局，2020），下辖商水县、西华县、扶沟县、太康县、鹿邑县、郸城县、沈丘县、淮阳县、项城市（县级市）、川汇区，共 8 县 1 市 1 区。

（一）自然地理环境

　　周口市属于黄淮海平原，全市地势较为平坦；气候属于亚热带季风气候和暖温带季风气候交汇处，全市全年降水丰沛、冬季温差较大，年平均气温在 14.5℃ ~ 15.8℃。周口市属于淮河流域，区内河网密布，其中颍河是淮河最大支流，周口市内的颍河可通航至上海。良好的区域自然地理环境为周口市农业和工业发展提供了良好的自然条件。

（二）交通区位条件

　　周口市交通便捷，公路、铁路和水路运输交织成网，四通八达（见图 3 - 1）。311 国道横穿东西，106 国道纵贯南北；大庆至广州、

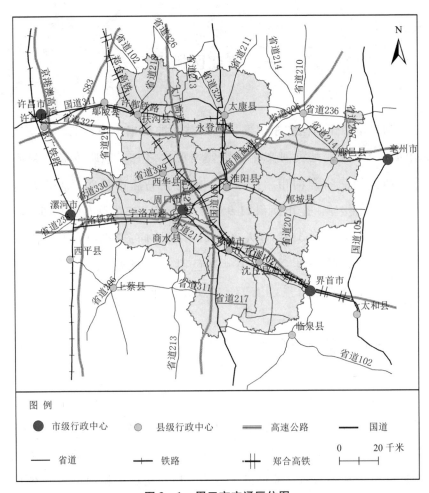

图 3-1 周口市交通区位图

资料来源：作者自绘。底图来源于禄丰年、毛忠民．河南省地图册［M］．北京：中国地图出版社，2006．

南京至洛阳、永城至登封、商丘至周口 4 条高速公路在周口市交汇，是河南省为数不多的有环城高速的城市之一；市内的漯阜铁路连接京广和京九两大铁路，是中原腹地通往华东和东南沿海等地客运的便捷通道。市内内河航运发达，建有周口、刘湾两大货运码头，可直通南京和上海，是河南省唯一内河可通航的地区。郑合客运专线在本市设 5 个客运站，为本市与长三角地区的人员交往提供便捷通道。同时，新郑至周口的高速公路已开工建设，周口至南阳高速、濮阳经周口至湖北阳新高速公路已列入国家规划之中。周口市是豫东南的门户，是密切联系豫东南地区区域经济联系，促进中原经济区域长江三角经济区连接融合的重要节点城市。

（三）社会经济发展

1. 农业基础雄厚，经济基础薄弱

周口市是一个农业大市，是全国重要的大型商品粮、优质棉生产基地。周口市每年为国家提供 60 多亿斤商品粮，全市 8 县 1 市 1 区被列为国家粮食战略工程基地，其中 7 个县市被评为全国粮食生产先进县（市）、4 个县跻身全国粮食生产百强县，为维护国家粮食安全做出了贡献。周口市历年粮食播种面积和粮食产量呈逐渐递增的趋势（见图 3 - 2），截至 2019 年，粮食产量已达 911.5 万吨，平均每位农民年均产粮 3.58 万吨。从三产比例来看，周口市 2020 年三产比例为 17.2∶41.1∶41.7，第一产业所占比例较低，二三产业产值比例较高，说明周口市正处于从传统农业社会向现代工业社会转型。从从业人员结构上看，2019 年周口市第一产业从业人员占整个从业人员 49% 以上（周口市统计局，2020）。周口市是一个典型的农业地区，人多地少、农业生产效率低。周口市农村人口为 700 多万人，常用耕地为 831.15 千公顷，平均每人常用耕地 0.073 公顷（周口市统计局，2020）。

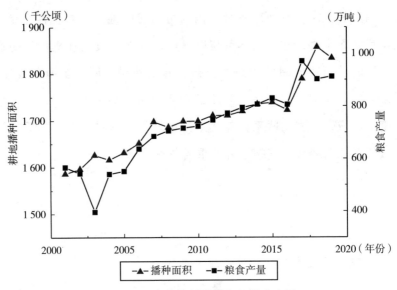

图 3 - 2　农作物播种面积与粮食产量

资料来源:《周口市统计年鉴》(2001～2021 年)。

　　周口市农业收入较低,依靠农业难以实现农村致富。从农民家庭平均每人纯收入构成来看,周口市农村居民收入主要来自劳务性收入,第一产业收入只占农民收入来源的 25%(见图 3 - 3)。周口市的农业发展,主要以种植粮食作物为主,而粮食作物每年收入以小麦和玉米为例,每年纯收益最高 13 500～15 000 元/公顷,因此农业收入对农村居民的收入贡献非常有限。从周口市城乡收入差距来看(见图 3 - 4),周口市城乡收入差距较大,从 20 世纪 90 年代开始,周口市城乡差距开始拉大,截至 2019 年,城市人均可支配收入与农村地区人均可支配收入二者相差 16 241 元,城市人均可支配收入是农村地区人均纯收入的 2.33 倍。

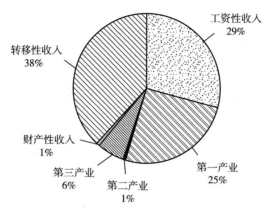

图 3 – 3 2019 年周口市农村居民收入来源

资料来源:《周口市统计年鉴》(2020 年)。

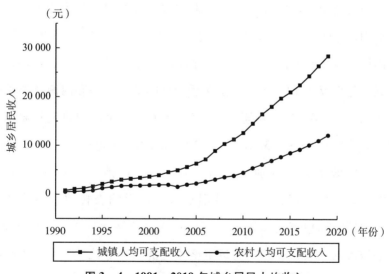

图 3 – 4 1991 ~ 2019 年城乡居民人均收入

资料来源:《周口市统计年鉴》(2020 年)。

2. 工业化和城镇化严重滞后

通过周口市工业化阶段分析可知，周口市工业化处于初期的低端水平。如表 3-1 所示，周口市 2010 年人均 GDP 为 1 559.5 美元，2019 年为 2 944.4 美元；从周口市地区增加值构成来看，周口市 2010 年地区增加值构成为 30：45：25，2019 年为 25：50：25；从周口市的非农人口比重看，周口市 2010 年非农人口比重为 29.5%，2019 年的非农人口比重为 44.36%。周口市目前的工业结构是传统的涉农加工产业为主导的产业，市内缺乏高加工度的制造业。周口市工业化水平严重滞后，当前处于工业化初期阶段向工业化中后期阶段迈进。

工业化发展的滞后，严重阻碍周口市城镇化水平。当前由于周口市工业化水平有限，导致城镇无法吸纳更多的剩余劳动力，大量劳动力被滞留在城镇外围。与河南省和中国城镇化水平相比，可以发现周口市的城镇化水平严重滞后。如图 3-5 所示，2000 年时，全国城镇化率和河南省城镇化率分布为 36.2% 和 23.2%，而周口市的城镇化率仅为 12.9%，分别落后于全国城镇化率和河南省城镇化率 23.3% 和 10.3%；截至 2019 年，全国城镇化率和河南省城镇化率分布为 60.6% 和 53.21%，而周口市的城镇化率仅为 44.36%，周口市的城镇化率分别比全国和河南省的城镇化率低 16.24% 和 8.85%。周口市城镇化建设的滞后，不仅影响农村地区经济的发展，也影响周口市的城镇建设，导致周口市缺乏区域性中心城市。中心城市的缺失，又影响周口市整体经济的发展，导致周口市经济发展缺少龙头带动作用。

表3-1　工业化阶段划分

指标	经济表现	工业化起始阶段	工业化实现阶段			后工业阶段	周口市 2010年	周口市 2019年
			初期阶段	中期阶段	后期阶段			
人均GDP (2003USD)(美元)	标准	656~1 313	1 313~2 626	2 626~5 252	5 252~9 847	9 800以上	1 559.5	2 944.4
地区增加值构成	标准	一产占绝对支配地位，S<20%	P>20%；S值较低，但超过205	P<20%，S>T 且在GDP中最大	P<10%，S值保持最高水平	S值相对稳定或下降，T>S	30:45:25	15:44:41
非农人口比重	标准	10%以下	10%~30%	30%~45%	45%~60%	60%以上	29.5%	44.4%
工业内部结构变化	标准		以原料工业为重心的基础工业阶段	以加工装配工业为重心的高加工阶段	技术、集约化阶段			

注：其中P、S、T分别代表第一产业、第二产业和第三产业增加值。
资料来源：根据《周口市统计年鉴》（2011年和2020年）计算。

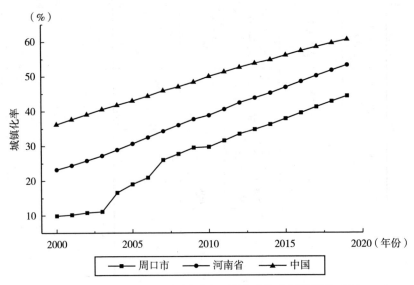

图 3－5　2000～2020 年周口市、河南省和全国城镇化水平

资料来源：《周口市统计年鉴》（2020 年）、《河南省统计年鉴》（2020 年）和《中国统计年鉴》（2020 年）。

3. 远离区域发展轴线，经济地位边缘化

在当今社会发展中，交通线的建设即为经济增长轴线的建设。周口市长期以来没有国家级的铁路通过，其一直处于陇海铁路、京广铁路、京九铁路和沿长江经济带四条大动脉之间，尽管在发展区位上或多或少的与这些经济大动脉有些关联，但始终不在主要的经济发展轴线上。周口市实际上是位于四条国家经济发展轴线的阴影区。周口市处于苏、鲁、豫、皖四省的交界处，处于郑州、济南、合肥、武汉等大城市的经济腹地的断裂点处。随着郑合高铁、新郑至周口的高速公路以及濮阳经周口至湖北阳新高速的开通，周口市将与长三角、京津冀、长江中游经济带等周边经济区实现有效的对接，优势互补、联动发展，实现中原经济区战略腹地和核心枢纽效应。

4. 新型社区建设如火如荼，人地矛盾突出

当前城镇的发展模式多以土地经济为基础，各地政府大块卖地或大肆圈地建设新城、开发区、科技园。土地城镇化已远远超过人口的城镇化。而当前国家规定的 18 亿亩土地红线以及建设用地的"增减挂钩"，使得城镇发展依赖土地越来越不可持续。而当前周口市乡村聚落多而散，占用土地较多，农村地区劳动力大量外流，农户兼业化、村庄空心化、人口老龄化趋势明显，农民利益诉求多元化①，导致乡村聚落空废化现象严重。一方面，城镇发展亟须建设用地；另一方面，乡村建设用地由于空废化而导致土地利用严重浪费。新型社区建设通过整合乡村建设用地，既满足了城镇发展对土地的需求，又满足了乡村地域农民享受城镇文明的心愿。虽然新型社区建设在推行过程中因出现种种问题，被专家学者所批评，但在现实中，这种现象依然存在甚至在未来一段时间内还将继续。周口市与全国大部分地区经济发展现象一致，也存在土地城镇化快于人口城镇化，亟须解决人地矛盾的现象。

二、数据来源与处理

（一）数据来源

聚落体系是城乡地域系统内各个聚落在空间上的分布、联系及

---

① 首提建设"人的新农村"意义何在［EB/OL］（2014 - 12 - 25）．［2015 - 03 - 20］．http：//news. ifeng. com/a/20141225/42794051_0. shtml.

其组合状态，反映了人类活动与地理环境相互作用下所形成的城乡空间组织形态（宋家泰、顾朝林，1988；许学强等，2009）。聚落体系具有空间性、相互联系性和功能性等特征，它们既是三个相关独立的评价目标，又是统一不可分割的整体（李智等，2018）。因此本书将城镇聚落和乡村聚落统称为聚落，作为一个整体进行研究。

乡村地域社会经济属性数据难以获取，故选择聚落斑块面积来反映城乡空间结构变化。聚落斑块面积既是聚落的经济、社会的反映，又能较好地解决乡村地域微观经济、社会数据难以获得的缺陷。此外，由于1973年聚落体系数据可较好地反映中国城镇化之前的空间结构，而1990年由于中国城镇化处于起步阶段，2000年中国城镇化则又处于加速阶段，故在研究时间段上选择1973～2015年，并以1973年、1990年和2000年作为重要的时间节点。

本书数据主要涉及空间数据与社会统计数据。其中，空间数据包括：遥感影像、航空影像、地形图、土地利用图、城市规划图、交通图。其中，不同时期的遥感影像、航空影像、地形图主要用于研究区域范围内的聚落信息的提取，土地利用图、城市规划图则主要发挥辅助解译的作用。城市规划图在聚落空间扩展的宏观因素研究中也被加以利用。地形图、交通图主要用于分析交通因素对于聚落空间演变的影响。社会经济数据主要包括统计年鉴数据、社会调研数据、经济人口普查数据，主要用于聚落扩展的机制分析。基于本书的研究内容，表3－2详细列出了文章中主要的空间数据类型、年份、来源等信息。原始空间数据包括栅格数据和矢量数据。具体如下。

表 3 - 2　　　　　　　　　　主要空间数据类型

数据名称	年份	来源	其他
Landsat TM7	1987，1990，2000，2002	USGS	分辨率 30m×30m
Landsat TM8	2015	USGS	分辨率 15m×15m
周口市第二次土地调查变更数据库	2012	周口市国土局	比例尺 1:1 万
周口市地形图	1973	中国人民解放军总参谋部绘制	比例尺 1:5 万
周口市土地利用图	1989	周口市国土局	比例尺 1:15 万
河南省地图册	2006	中国地图出版社	比例尺 1:40 万
河南省地图	2014	星球地图出版社	比例尺 1:80 万
周口市城市规划（2012～2030 年）设计图	2014	周口市规划建筑勘探设计院	
西华县交通图	2013	周口市交通局	比例尺 1:6.2 万

（二）空间数据预处理

由于本研究时间跨度较长，所收集的空间数据类型比较多样，因此，需要对空间数据进行预处理，以保证后期研究中数据对比的一致性。空间数据预处理分两个步骤，第一，对空间数据进行精校正；第二，对精校正以后的空间数据进行信息提取。

（1）数据精校正。首先，以周口市 1:5 万地形图为基准，对所有栅格数据（除 TM 影像以外）进行几何校正配准。采用控制点校正方式，选择样条插样模型，图形重采样方法为最邻近距离法，控制误差在 0.5 个像元以内。将所有校正配准过的数据坐标以及矢量数据的坐标，统一转换为 WGS 84 格式，以便与

TM 影像坐标一致。其次，将配准好的数据按照现行的行政区划进行裁剪。

（2）空间信息提取。这是本研究基础数据库建立的最重要部分。首先，对周口市 1973 年地形图矢量化。主要提取周口市 8 县 1 市 1 区的聚落斑块、主要交通线路等；其次，对 TM 影像聚落斑块的提取[①]。主要是在 ENVI 5.1 软件环境下采用目视解译的方法。解译时以面为特征类型，采用多边形目视解译符合要求的居民点斑块，同时考虑斑块与其周围斑块的关系，尽可能准确地获得景观类型中聚落斑块的矢量数据和属性数据（朱彬等，2011）。以此为基础获得研究区内 1990 年、2000 年和 2015 年的聚落斑块。再次，对其他配准校正好的土地利用图等，进行相关聚落斑块、道路、河流等信息提取。最后，将所提取矢量化的聚落斑块、道路、河流等信息建立数据库，以便后续研究中提取利用。

（三）社会经济统计数据预处理

本书在研究周口市聚落空间演变机制分析中，用到人口、GDP、固定资产投资等社会经济数据。这些数据均来自《周口市统计年鉴》《河南省农村统计年鉴》《河南省统计年鉴》等。对于所收集的社会经济资料进行以下处理：第一，统一不同年鉴之间的统计口径，使不同年份之间的数据具有可比性；第二，借助 Excel 等软件完成所需社会经济数据的编码工作。

---

① 研究区跨两个影像带，由于影像资料和影像质量的影响，每个研究时段以前后不超过 3 年的影像拼接为一个时间段影像。

（四）社会访谈数据

本书选择传统农区西华县三类典型案例类型，采用问卷调查和访谈法的形式。作者根据事前预调研情况和当地农业部门访谈的结果，确定西华县黄桥乡前石羊村和后石羊村为工业型调研村，并访谈了相关企业的负责人；确定西华营镇来洼村和薛楼村两个村为农业现代化型调研村；确定红花集镇龙池头社区为新型社区。作者于2015年10月26～28日和2017年8月16～19日两次对三类典型案例区中的村民、企业家、村干部和乡政府干部进行深入细致的调查。两次共获得192份问卷，其中有效问卷168份，有效率达到87.5%。在有效问卷中，村民问卷168份，企业问卷6份，村干部问卷13份，乡政府干部问卷5份。问卷主要关注传统农区乡村在1975～2017年经济空间、社会空间和地理空间的演变情况，尤其是近些年来工业化和城镇化对乡村发展所带来的影响。相关调查样本分布情况与村民代表性指标见表3－3。

表3－3　　　样本分布与村民家庭部分代表性指标（均值）

分类	前石羊村	后石羊村	来洼村	薛楼村	龙池头
样本数（份）	25	31	39	37	36
家庭平均劳动力数（人）	2.5	2.7	2.8	2.6	2.9
劳动力平均年龄（年）	48.9	49.6	51.3	52.7	49.8
每亩耕地平均纯收入（元）	871.8	854.7	1 793.4	1 689.6	1 584.1

注：统计中不包括企业问卷、村干部问卷和乡政府干部问卷。
资料来源：根据调研数据获得。

三、研究方法

(一) 等级聚落模型

聚落斑块面积的大小在一定程度上反映了人类经济活动对地理空间的作用强度。因此，本章为测度周口市聚落等级结构，用聚落斑块的面积大小作为表征指标。根据自然断裂法对等级体系的划分标准，本书采用如下的方法测度聚落等级结构。

$$D_i = \bar{A} \begin{cases} 1\,(A_i \geqslant 4\bar{A}) \\ 2\,(2\bar{A} \leqslant A_i < 4\bar{A}) \\ 3\,(0.5\bar{A} \leqslant A_i < 2\bar{A}) \\ 4\,(0.25\bar{A} \leqslant A_i < 0.5\bar{A}) \\ 5\,(A_i < 0.25\bar{A}) \end{cases} \qquad (3-1)$$

式 (3-1) 中，D_i 为第 i 个聚落斑块的等级，A_i 为聚落斑块的面积，$\bar{A}$ 为某一时期聚落斑块的平均面积。

(二) 城市位序—规模法则及分形

城市位序—规模法则最早被城市地理学家用来测度城镇聚落的规模分布情况，反映不同城镇聚落的规模与其在整个体系中的位序之间的关系，可评估一个区域的城镇聚落分布状况。本书借用位

序—规模法则考察聚落的规模分布情况。位序—规模法则现在广泛
使用的位序—规模公式是辛格（Singger）于 1936 年提出的一般位
序规模公式（陈彦光等，2001；高翔等，2009），其表达式如下：

$$P_i = P_1 \times R_i^{-q} \quad (R_i = 1, 2, 3, \cdots, n) \qquad (3-2)$$

式（3-2）中，n 为聚落的数量，R_i 代表聚落 i 的位序，P_i 是
按照从大到小排序后位序为 R_i 的聚落规模，P_1 为首位聚落的规模，
而参数 q 通常被称为 Zipf 指数（谈明洪、范存会，2004）。为方便
计算，通常对上式进行自然对数变化得：

$$\ln P_i = \ln P_1 - q\ln R_i \qquad (3-3)$$

大量的实证研究发现 Zipf 指数具有以下性质：当 $q = 1$ 时，研究
区内的首位聚落规模恰好是最小聚落规模的位序，此时，认为区域
内聚落处于自然状态的最优分布，或达到帕累托最优；当 $q < 1$ 时，
表示研究区内聚落规模分布相对集中，中间位的聚落较多；当 $q > 1$
时，表示研究区内聚落规模趋向分散，聚落规模分布差异较大，首
位聚落垄断性较强。当 $q \to \infty$ 和 $q \to 0$ 时，表示聚落规模分布的两种
极端情况，在现实中一般不存在这样的分布。

位序—规模法则为描述聚落规模分布提供了可能，如果要对聚
落规模分布进行深入的探讨，可借助于分形理论（谈明洪等，
2004）。根据以往的研究，发现区域内城镇等级体系具有自组织性
（Fujita et al.，1999），存在无标度区间，即具有分形特征。根据前
人的研究发现分形维数 D 与位序规模系数 q 之间存在这样的关系
（谈明洪等，2004）：

$$D \times q = R^2 \qquad (3-4)$$

式（3-4）中，R^2 是位序—规模法则的拟合优度。D 值的大小

具有一定的地理意义，直接反映了聚落体系规模结构（苏飞等，2010）。当 $D < 1$ 时，表示聚落体系的规模结构比较分散，聚落的斑块分布差异程度较大，首位聚落的垄断性较强；当 $D = 1$ 时，表示研究区内首位聚落与最小聚落斑块面积之比恰好为研究区内聚落体系的数目；当 $D > 1$ 时，表示研究区内聚落规模分布比较集中，聚落斑块分布比较均衡，中间位序的聚落斑块数目较多。

（三）村落位序—规模表达式

为了研究村落规模分布规律，本研究借用格罗斯曼和索尼斯（Grossman D & Sonis M，1984）所提出的位序—规模变化率，其表达式为式（3–5），具体推导过程可参见文献（Sonis M & Grossman D，1984）。

$$L_n = L_1 \delta^{n-1} \qquad (3-5)$$

式（3–5）中，L_n 是第 n 个村落斑块规模，L_1 是村落斑块规模最大的聚落，δ 是村落斑块规模变化的比率，即：

$$\delta = L_{n+1}/L_n \qquad (3-6)$$

村落位序—位序规模法则可以认为是村落位序—规模变化率的近似值，为计算方便，通常对式（3–6）进行对数变化，即：

$$\log L_{n+1} = \log L_n + \log \delta \qquad (3-7)$$

式（3–7）具有两个特点：①如果 $L_{n+1} = L_n$，那么点（L_{n+1}，L_n）位于坐标系 45°对角线上；②如果村落的斑块规模大致相同，那么，这些点（L_{n+1}，L_n）将形成一段与坐标系 45°对角线平行或接近平行的线段。这些点意味着村落规模变化的比率。

（四） Voronoi 图

Voronoi 图（以下简称 "V 图"）是一种空间分割方法，在城市地理学的应用研究中常用来划分研究区内的服务范围和用来界定经济客体的空间影响范围等（邹亚峰等，2012）。本书为分析周口市聚落的空间结构，采用 V 图来剖析研究区内聚落的空间结构。其基本原理如下：

设空间上有一离散点集 $P = (P_1, P_2, P_3, \cdots, P_n)$，其中任意 2 点互不重叠，且任意 4 点不共圆，P 中任意 2 点 P_i 和 P_j 之间的欧式距离为 $d(P_i, P_j)$，则任意点 P_i 对应的 Voronoi 多边形定义为（范强等，2014）：

$$V_i = \{x : d(x, P_i) < d(x, P_j) \,|\, P_i \neq P_j\} \qquad (3-8)$$

由 $V_i(1 \leq i \leq n)$ 构成的图形即为点集 P 的 V 图。V 图可以看作是点集 P 中每个点的生长核，以相同的速度向外扩张，直到彼此遇到为止而在平面上形成的图形（闫卫阳，2004）。

（五） 平均最邻近距离

平均最邻近距离是统计点数据之间最近距离的平均值。其思路是通过比较计算最邻近的点对平均距离与随机模式中最邻近的点对的平均距离，其公式如下（王劲峰等，2010）：

$$d(NN) = \sum_{i=1}^{n} \frac{\min(d_{ij})}{n} \qquad (3-9)$$

式（3-9）中，$d(NN)$ 为研究对象的最邻近的平均距离；n 为样本数；d_{ij} 为第 i 点到第 j 点的距离；$\min(d_{ij})$ 为 i 点到最邻近点的距离。

（六）扩 张 指 数

扩张指数可用来反映城乡建设用地的扩张变化情况，一般采用单一的土地利用动态模型表示，其计算公式为（王鹏等，2018）：

$$K = \frac{U_a - U_b}{T} \qquad (3-10)$$

式（3-10）中，K 为研究时段内城乡建设面积扩张指数，U_a 和 U_b 分别为研究期末和期初城乡建设用地的规模，T 为研究时段。当 T 值为年时，K 为研究区域内城乡建设用地面积年均变化。

（七）平 均 可 达 性

平均可达性是指特定地域交通系统下某聚落到达区域内某交通线路的最短距离的平均值，其表达式为：

$$A_i = \frac{1}{n} \sum_{i=1}^{n} d_i \qquad (3-11)$$

式（3-11）中，A_i 为 i 城市的平均可达性距离，值越小表示该距离的可达性水平越好，反之则越差；d_i 为 i 聚落到达交通线路的最短距离；n 为除 i 聚落以外的城市总数。

（八）空 间 分 析 法

利用 ArcGIS 10.0 的空间分析功能，调用 Arc Toolbox - Data

Management Tools – Features – XY to Line，分析乡村聚落空间结构如何嵌入地方经济、区域经济和全球经济中。利用 ArcGIS 10.0 的数据管理功能，将聚落斑块转换为点。根据聚落斑块的中心点，分别以一定的半径产生聚落斑块的缓冲区，计算出聚落的缓冲区面积，从而确定典型案例区的耕作半径，结合访谈资料，探讨聚落空间结构与耕作半径的内在关系。

（九） 问卷访谈法

为深刻揭示和刻画典型聚落空间结构，所需数据均通过深度访谈获得。访谈数据主要包括村庄整体发展情况、村庄整体就业情况（包括就业地、就业时间等）、村庄的耕作半径、农业的机械化情况等。访谈对象主要包括县政府部分负责人、镇（乡）政府部分负责人、各村村主任和村民。根据对区域聚落整体发展的把握，考虑了当地聚落发展情况和类型，选择农村工业化较好的村落及其周边村落、农业现代化较好的村落及其周边村落、建设较好的新型社区及其周边村落。

第四章

传统平原农区聚落
等级体系演变

聚落等级体系包含城镇聚落和广大的乡村聚落（梁涵等，2012），是在一定区域内，职能不同、规模不等的聚落通过不断地进行人员、物资、信息等交换，形成具有一定空间结构和功能的有机整体（赵荣等，2006）。近年来，随着中国城镇化进程不断加快和乡村振兴战略的实施，聚落体系发生着剧烈的变化。中国城镇聚落人口已超过8.4亿人（国家统计局，2020），每年大约还有1 800万乡村人口进入城镇，城镇化过程对城镇建设用地的需求不断增加，城镇化的空间过程，不可避免地改变着周边乡村聚落景观，使城镇的等级结构不断增强，规模结构不断变大，空间结构不断外扩。城镇化也使得乡村聚落的功能和发展定位日益多元化、空间结构差异化（李平星等，2014），加之乡村振兴战略的实施可能会改变了中华民族几千年的居住格局，形成中心集镇、一般集镇、中心村等大小不同、功能有别、环境各异的乡村聚落体系。那么，在新时代背景下聚落等级体系是如何变化的？其变化的影响机制是什么？中国当前亟须新的理论和实践解决上述问题，这些问题的研究与解决对分析和制定中国城乡发展政策具有重大意义。

在以往的研究中，常以城镇体系作为聚落体系研究的中心，乡村聚落作为聚落体系的外围。如周一星等（2001）研究了中国城市中心性的等级体系，将中国城市划分为 5 级体系；顾朝林等（2008）研究了中国城市体系的空间联系，将中国城市体系划分为 2 个大区、7 个亚区和 64 个地方；刘妙龙等（2008）运用等级钟理论研究了中国城市的规模等级体系演化特征；程开明等（2012）研究了中部地区地级以上城市的等级体系；吴健生等（2014）运用 DMSP/OLS 夜间灯光数据将中国城市体系等级结构分为 7 大国家级节点、26 个区域节点和 107 个省域节点城市；藤田等（Fujita et al.，1997）研究了城镇体系的演化和结构的稳定性；田渊等（Tabuchi et al.，2011）研究了小城镇的中心地的演变行为。这些研究丰富了城镇聚落体系的研究内容，为聚落体系的研究提供了理论上和方法上的借鉴与参考。

如上所述，本章主要基于城镇化进程中，聚落的等级结构和规模结构的演变，探讨时间序列变化中的聚落等级体系的演变因素，以期厘清聚落等级体系的演变，为新时期聚落的空间规划提供参考。

一、聚落等级结构演变特征

（一）聚落等级呈菱形结构

周口市 1 级聚落分别为 229 个、177 个、186 个和 161 个；2 级聚落分别为 1 103 个、969 个、919 个和 727 个；3 级聚落分别为

9 543 个、8 509 个、6 929 个和 6 847 个；4 级聚落分别为 3 476 个、3 366 个、3 058 个和 3 149 个；5 级聚落分别为 1 167 个、881 个、1 461 个和 1 303 个（见表 4 - 1）。5 个等级的聚落数量之比分别为 1.0∶4.6∶39.9∶14.5∶4.9；1.0∶5.5∶48.1∶19.0∶5.0；1.0∶4.9∶37.3∶16.4∶7.9；1.0∶4.4∶41.2∶19.0∶7.8。各个年份的乡村聚落等级结构构成比例基本相似，周口市乡村聚落斑块中等规模（3级结构）的数量优势明显，2 级和 4 级聚落次之，1 级和 5 级聚落的斑块最少，聚落结构呈现明显的菱形特征。通过表 4 - 1 发现，各个年份的聚落等级结构构成比例基本相似。在研究时段内，周口市聚落中等规模（3 级结构）的聚落斑块优势明显，1 级结构和 5 级结构的聚落斑块最少。这与钟业喜等（2011）、薛俊菲（2008）等研究结论不同，他们发现中国城市聚落等级结构呈金字塔形。这可能与研究的视角、方法和尺度不同，导致研究结果不尽一致。

表 4 - 1　　　　　　　　　　聚落等级结构变化情况　　　　　　　单位：个

等级	1973 年	1990 年	2000 年	2015 年
1	229	177（52）	186（-9）	161（25）
2	1 103	969（134）	919（50）	727（192）
3	9 543	8 509（1 034）	6 929（1 580）	6 847（82）
4	3 476	3 366（110）	3 058（308）	3 149（-91）
5	1 167	881（286）	1 461（-580）	1 303（158）

注：括号内数字为聚落各等级与上一年份之差。
资料来源：根据影像解译数据统计。

　　聚落的稳定性具有一定的相对性。首先，从各个级别聚落相对比例的演化来看，1 级结构和 2 级结构大致呈下降趋势，3 级结构先下降后上升、4 级结构呈现上升趋势，5 级结构具有波动趋势，但是波动的幅度相对不大。较大规模聚落斑块比例的减少，表明聚落的高等级中心地有减少的趋势。小规模斑块的波动变化是由于其具有较强的不稳定性，在一定阶段内由于受经济利益的驱使和从众心理的影响，会造成聚落中规模较小的斑块迅速增加。但是这些小的聚落斑块多是违法建筑，在集中清理过程中会短时间内消失，这种现象尤其在城乡接合部中最为突出。其次，行政因素导致聚落等级结构稳定性下降。行政因素对聚落结构稳定性的影响主要表现在以下两个方面：第一，行政区划调整给乡村聚落带来不规律的变化。聚落等级结构深受行政因素的影响，尤其是行政区划的调整对聚落的等级结构影响较大。周口市村民委员会的个数由 1990 年的 4 804 个减少到 2019 年的 4 747 个（见表 4 - 2），村民委员会个数的变化反映了聚落行政中心的变化，在中国，行政中心的变化通常导致中心地等级结构的变化。从周口市乡政府个数和镇政府个数来看，周口市乡政府个数逐渐减少，镇政府个数却逐年增加。根据国务院批转民政部关于调整建镇标准的报告可知①，周口市聚落等级结构由低等级向更高的级别发展。同时这也符合国家关于小城镇建设的要求，使"小城镇成为农村发展工副业，学习科学文化和开展文化娱乐活动的基地，逐步发展成为农村区域性的经济文化中心"②。第二，聚落规划使聚落等级结构局部瓦解。聚落规划一般是在政府主

---

① 国务院批转民政部关于调整建镇标准的报告的通知中规定"总人口在二万以下的乡，乡政府驻地非农业人口超过二千的，可以建镇；总人口在二万以上的乡，乡政府驻地非农业人口占全乡人口 10% 以上的，也可以建镇。"
② 国务院批转民政部关于调整建镇标准的报告的通知［EB/LO］. (1984 - 11 - 22). ［2015 - 04 - 06］. http：//www. gov. cn/zhengce/content/2016 - 10/20/content_5122304. htm.

导下，由上而下，使聚落体系结构合理化的过程。如周口市西华县的"拆村并点"就是这一过程。该县通过政府规划，建设了大王庄刘草楼、红花龙池头、叶埠口龙王庙、西夏后仓等 14 个社区，使越来越多的农村居民就地实现城镇化①。

表 4 - 2　　　　　　　　　历年行政区划变化情况　　　　　　　单位：个

年份	乡政府个数	镇政府个数	村民委员会个数
1990	115	67	4 804
1995	115	68	4 843
2000	100	81	4 845
2005	91	85	4 838
2010	82	87	4 802
2015	76	94	4 798
2019	66	102	4 747

资料来源：《河南省统计年鉴》（1991～2020 年）和《河南省农村统计年鉴》（1990～2005 年）。

（二）聚落等级受行政级别影响显著

通过 ArcGIS 10.4 的叠加功能，将周口市的乡村聚落不同等级与行政中心（乡镇和行政村）进行叠加，发现 1973 年、1990 年、2000 年和 2015 年周口市乡村聚落行政中心是第 1 等级聚落的个数分别为 30 个、77 个、94 个和 103 个（见表 4 - 3）。这表明随着时间的推移，周口市的乡村聚落等级受行政级别的影响越来越显著，行政级别越高的聚落，其

① 2014 年西华县政府工作报告 [R] (2014 - 04 - 30). [2015 - 03 - 23]. http：//www. xihua. gov. cn/Module/showList. asp？ infoID = 3842.

等级结构越高。行政中心一般是一个区域的政治、经济和文化中心，其发展不断从其他低等级的聚落中吸引物资、劳动力、资本和技术等，形成典型的中心—外围结构。这种情况与中国当前的城乡二元结构基本类似，处于行政中心的聚落属于经济发展的中心，其他聚落属于经济发展的外围，且这种状况随着经济的发展可能具有强化趋势。

表 4 - 3　　　　　　乡村聚落等级与行政中心叠加个数　　　　　单位：个

项目	1973 年	1990 年	2000 年	2015 年
叠加结果	30	77	94	103

资料来源：根据遥感影像解译数据统计。

（三）聚落等级受交通、河流等因素的影响较大

为了研究周口市聚落等级与交通网络和河流网络的耦合关系，本书应用 ArcGIS 10.4 软件中的叠置分析，以 1 000 米为刻度，作周口市三级公路和河流的缓冲区，并分别计算缓冲区内聚落等级斑块的个数。结果如表 4 - 4 所示，聚落等级与交通和河流网络基本上呈现正向相关关系，但二者作用强度不同。1 级、2 级、3 级、4 级和 5 级聚落受交通因素影响比较大，河流因素次之，交通和河流共同作用的乡村聚落变化幅度不大。1 级聚落是重要的中心村镇，其交通指向性较强，所以 1 级聚落受交通因素影响比较大。随着时间发展，每个等级内聚落受交通、河流影响的强度不同。如 1 级聚落在 1973 年受交通、河流和二者共同影响的比例分别为 30.6%、23.9% 和 14.8%，而到 2015 年这一比例变为 88.6%、28.3% 和 27.7%。这反映了交通因素

作为现代人文经济因素的一个典型代表，对聚落等级的影响作用增强，其主要是通过改变聚落的交通区位而实现，重要交通路线的修建会使区位条件较为重要聚落的吸引力进一步增强，从而使聚落等级不断变大。河流是传统的地理因素，在早期乡村发展中作用较大，而随着时间的推移，传统的地理因素对聚落等级结构的直接影响处于下降的趋势。

表 4-4　　　　交通和河流缓冲区内的聚落个数及百分比

等级	因素	1973 年		1990 年		2000 年		2015 年	
		数量（个）	占比（%）	数量（个）	占比（%）	数量（个）	占比（%）	数量（个）	占比（%）
1 级	交通	64	30.6	106	59.9	180	81.8	163	88.6
	河流	50	23.9	45	25.4	58	26.4	52	28.3
	交通河流	31	14.8	32	18.1	51	23.2	51	27.7
2 级	交通	282	23.1	304	31.4	558	56.2	503	64.9
	河流	284	23.7	195	20.1	193	19.4	159	20.5
	交通河流	90	7.4	71	7.3	118	11.9	105	13.5
3 级	交通	1 652	16.9	2 802	32.9	3 525	48.5	4 595	59.8
	河流	1 672	17.1	1 490	17.5	1 252	17.2	1 397	18.2
	交通河流	354	3.6	538	6.3	554	7.6	772	10.0
4 级	交通	566	17.4	1 010	30	1 526	45.5	2 017	59.4
	河流	479	14.7	503	14.9	575	17.1	597	17.6
	交通河流	83	2.6	185	5.5	242	7.2	318	9.4
5 级	交通	188	18.5	243	27.6	685	46.1	841	59.1
	河流	132	13.0	122	13.9	234	15.7	204	14.3
	交通河流	30	3.0	41	4.7	94	6.3	106	7.5

注：表中交通仅为三级公路缓冲区内的聚落等级个数；河流仅为河流缓冲区内的聚落等级个数；交通和河流为二者共同作用下缓冲区内聚落等级的个数。

资料来源：根据遥感影像解译数据统计。

（四）聚落的功能呈现等级替代现象

随着时间的变化，周口市聚落等级具有波动趋势（见表4－5）。1级和2级聚落的比例呈现先下降后上升再下降的趋势。1级和2级聚落是重要的中心村镇，中心村镇是区域的增长极，不断从乡村吸取资源，使得乡村的等级不断强化，而其他乡村等级处于弱化的趋势，等级功能被强化的聚落逐渐代替弱化的聚落的部分职能。而功能被弱化的聚落则可能变为3级或4级聚落，因此，3级和4级聚落的比例处于上升趋势。5级乡村聚落具有波动性，其等级相对比较低，在乡村规划或乡村调整中首先会受到冲击，易被其他高等级的聚落替代。影响中心地等级不仅是规模要素和功能要素，更重要的是区域要素，尤其是行政中心和交通网络等区域要素的变化对中心地的等级影响较大。同一等级或者不同等级之间由于行政因素或者交通线路等因素的变化会导致等级替代效应。如秫陵镇行政中心变化导致中心地等级发生变化，黄寨镇交通因素的变化导致中心村等级变化。

表4－5　　　　　　　　乡村聚落等级变化百分比　　　　　单位：%

年份	1级	2级	3级	4级	5级
1973	1.5	7.1	61.5	22.4	7.5
1990	1.3	7.0	61.2	24.2	6.3
2000	1.5	7.3	55.2	24.4	11.6
2015	1.3	6.0	56.2	25.8	10.7

资料来源：根据遥感影像解译数据统计。

二、聚落规模分布演变特征

依据 1973～2015 年周口市聚落斑块面积，对各个聚落斑块面积大小分别进行规模排序，按照城市位序—规模法则，将聚落斑块面积组成的点列数据绘制成双对数坐标图（见图 4-1），观察其拟合效果。

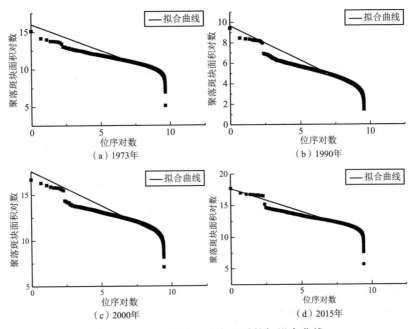

图 4-1 城市规模—位序双对数与拟合曲线

注：图中 1973 年前 10 个聚落斑块依次分别为川汇区、项城市、扶沟县、沈丘县、太康县、商水县、淮阳县、郸城县、鹿邑县和西华县；1990 年前 10 个聚落斑块依次分别为川汇区、沈丘县、太康县、西华县、项城市、鹿邑县、郸城县、扶沟县、淮阳县和商水县；2000 年前 10 个聚落依次分别川汇区、项城市、郸城县、太康县、鹿邑县、商水县、西华县、扶沟县、沈丘县和淮阳县；2015 年前 10 个聚落依次分别为川汇区、项城市、郸城县、商水县、鹿邑县、西华县、沈丘县、太康县、扶沟县和淮阳县。

资料来源：作者自绘。

（一）聚落规模分布趋近城市位序—规模曲线

随时间发展，周口市聚落趋近于城市位序—规模曲线。从1973年、1990年、2000年和2015年的位序—规模拟合曲线发现（见图4-1）：1973年和1990年的聚落规模差别较大，1973年只有部分乡村聚落位于位序—规模曲线上方，到1990年在位序—规模趋势上的聚落有所增加。2000年聚落的高位序列聚落多数位于位序规模曲线下方，如川汇区、沈丘县、太康县商水县、西华县、扶沟县和沈丘县，这表明周口市的整个聚落体系处于农村聚落向城镇聚落转换过程中。2015年聚落的高位序列再次趋近位序—规模拟合曲线，项城市、郸城县和商水县趋近于位序—规模拟合曲线。这与李小建（2015）等运用城市位序—规模法则分析农区中的村落分布一致，也与部分城市地理学者分析城市位序—规模演化趋势相一致（陈彦光，2015）。

（二）聚落规模分布具有"翘首"和"肥尾"特征

周口市的聚落等级规模分布具有严重的"翘首"和"肥尾"特征（见图4-1）。"翘首"特征说明周口市高位序的聚落具有首位分布特征；"肥尾"特征说明周口市低位序的聚落较多，且分布相对较为集中。据统计，至2015年，周口市共有自然村15 960个，但是47.4%的村庄人口规模不到500人（小村庄），33.5%的村庄人口在500~1 000人（中等村庄）之间，超过1 000人的大村庄所占比重不到20%（见表4－6）。周口市聚落规模分布的齐夫指数偏小，均不超过0.8，反映了周口市聚落中较低位序的中小聚落较多，大聚落发育不突出。

表4－6　　　　　　　　　　自然村相关情况统计

自然村分类	500人以下	500~1 000人	1 000人以上	总计
自然村个数（个）	7 572	5 353	3 035	15 960
占总数百分比（%）	47.4	33.5	19.1	100

资料来源：河南省地名普查内部统计资料（2015年）。

（三）多数聚落规模实际值小于理论值

从图4－1发现，高位序列的聚落除首位聚落之外，1973年、1990年、2000年和2015年部分聚落均位于拟合曲线下方，这说明周口市部分聚落规模分布的实际值与理论值具有一定的差距，即聚落等级规模实际值小于理论值，这反映了周口市未来城镇化进程具有较大的提升空间。周口市的实际城镇化率（2019年仅为44.36%）也说明了周口市城镇化水平还有待于提高。这与部分城市地理学家所得出的结论一致，均认为中国城镇化的提升空间较大（陈彦光、刘继生，2001）。

（四）聚落规模结构由集中趋向分散，规模结构差异性变大

根据式（3－4）所计算的 D 值或 q 值的变化，如表4－7所示，从横向上来看，1973~2015年1~6标度区内的聚落规模结构由集

表4-7 1973~2015年聚落斑块分形拟合结果

年份	参数	拟合区间					
		1	2	3	4	5	6
1973	D	10.317	3.376	1.462	1.453	0.070	0.011
	R^2	0.978	0.977	0.969	0.963	0.961	0.878
	q	0.095	0.290	0.663	7.906	13.822	83.195
	拟合方程	$\ln P = -0.095\ln R + 5.702$	$\ln P = -0.290\ln R + 6.199$	$\ln P = -0.663\ln R + 8.968$	$\ln P = -2.798\ln R + 28.795$	$\ln P = -13.822\ln R + 134.510$	$\ln P = -83.195\ln R + 802.890$
	结构容量	5.702	6.199	8.968	28.795	134.510	802.890
	标度区间	1~6	7~1221	1222~11222	11223~14723	14724~15277	15278~15444
1990	D	4.807	2.521	1.348	0.275	0.052	0.001
	R^2	0.972	0.970	0.966	0.958	0.957	0.941
	q	0.202	0.385	0.717	3.488	18.543	112.020
	拟合方程	$\ln P = -0.202\ln R + 8.611$	$\ln P = -0.385\ln R + 7.616$	$\ln P = -0.717\ln R + 10.157$	$\ln P = -3.488\ln R + 35.850$	$\ln P = -18.543\ln R + 178.990$	$\ln P = -112.020\ln R + 1070.400$
	结构容量	8.611	7.616	10.157	35.850	178.990	1070.400
	标度区间	2~7	8~1138	1139~11147	11148~13547	13548~13849	13850~13891

续表

年份	参数	拟合区间					
		1	2	3	4	5	6
2000	D	3.028	2.108	0.751	0.205	0.039	0.000
	R^2	0.989	0.982	0.979	0.963	0.918	0.912
	q	0.327	0.466	1.304	4.700	23.572	283.290
	拟合方程	$\ln P = -0.327\ln R + 7.700$	$\ln P = -0.466\ln R + 8.512$	$\ln P = -1.304\ln R + 15.638$	$\ln P = -4.700\ln R + 47.237$	$\ln P = -23.572\ln R + 222.91$	$\ln P = -283.290\ln R + 2\,691.600$
	结构容量	7.700	8.512	15.638	47.237	222.91	2\,691.6
	标度区间	1~10	11~5\,001	5\,002~11\,152	11\,153~12\,974	12\,975~13\,281	13\,282~13\,306
2015	D	5.191	2.155	0.760	0.187	0.0241	0.000
	R^2	0.970	0.990	0.976	0.946	0.942	0.891
	q	0.187	0.459	1.286	5.066	39.115	487.080
	拟合方程	$\ln P = -0.187\ln R + 7.883$	$\ln P = -0.459\ln R + 8.752$	$\ln P = -1.286\ln R + 15.856$	$\ln P = -5.066\ln R + 51.113$	$\ln P = -39.115\ln R + 4\,374.030$	$\ln P = -487.080\ln R + 4\,631.400$
	结构容量	7.883	8.752	15.856	51.113	4\,374.030	4\,631.400
	标度区间	5~15	16~5\,508	5\,509~11\,288	11\,289~13\,203	13\,204~13\,407	13\,408~13\,443

资料来源：根据遥感影像解译数据计算所得。

中逐渐向分散,规模结构差异性变大。1973~2015 年第 1 和第 2 标度区的 $D>1$,$q<1$,这表明周口市第 1 和第 2 标度区内的聚落的规模结构相对比较集中,中间位序的聚落较多;1973~2015 年第 3、第 4、第 5 和第 6 标度区的 $D<1$,$q>1$,表明周口市第 3、第 4、第 5 和第 6 标度区内的聚落规模结构呈分散,规模结构差异性较大。

虽然周口市 1973~2015 年 1~6 标度区内的聚落规模结构呈现出由集中向分散的趋势发展,但不同年份之间,其规模结构呈现的集中强度和松散强度不同。第 1 标度区主要是以城市聚落为主,城市规模结构分维数 D 由 1973 年的 22.349 下降到 1990 年的 4.406,表明城市聚落由高度集中分布向较为分散分布特点。这与周一星(2004)等研究中国城市人口规模结构的结构较为一致,周一星等采用"市人口"研究中国城市体系,但结论没有改变中国城市体系的基本特点,即分散的特点。而随着时间的推移这种分散性却在加强。

城市聚落以上分布特点与中国历史上城镇发展政策不无关系。改革开放以后,中国转向以经济建设为中心,而城市作为区域的经济和社会发展的中心,其地位和作用得到前所未有的认识和重视。从周口市固定资产投资可以看出,1978 年周口市固定资产投资为 4 255 万元,到 1990 年增加到 10 802 万元(周口市统计局,1990),增加了 60.6%。工业总产值由 1975 年的 0.480 亿元增加到 4.939 亿元(周口市统计局,1990),增加了 90.2%。城市建设和工业的发展必然引起城市规模结构的扩张。从周口市 8 县 1 市 1 区的建成区面积发现,建成区面积从 1973 年的 11.96 平方公里增加到 1990 年的 47.11 平方公里,增加了 3.94 倍。此时城市发展处于快速扩张阶段，城市的发展主要集中在周口市城市基础和工业基础相对较好的县城，如项城市、商水县和沈丘县等，城市发展逐渐处于相对均衡状态，第 1 标度从 1973 年的 4～8 扩大到 1990 年的 2～9。

20 世纪 90 年代后，中小城镇发展战略的实施，经济开发区的普遍建立以及乡镇企业的兴起，带动城镇化水平的高速发展，城市经济辐射能力增强，城市的区域中心作用得到进一步发挥（中国城市发展报告，2011）。与此同时，河南省又提出"积极发展小城镇""有步骤地发展一批县级市，加快建设星罗棋布的县城和乡镇，逐步形成以城市为中心，以农村为基础，以小城镇为连接点的城镇体系和商品经济网络"（河南省经济发展战略规划指导小组，1991），促进城乡工农发展，使农村剩余劳动力向城镇转移。这为周口市的小城镇发展提供良好的机遇，周口市形成了区域中心城市（川汇区）、县域中心镇和县内小经济区中心镇的三级城镇体系，城市规模结构基本合理。1990～2000 年的分维数 D 由 1990 年的 4.406 下降到 2000 年的 1.907，这表明周口市城市聚落规模结构差异性在缩小。第 1 标度区由 1990 年的 2～8 扩大到 2000 年的 1～10，已完全扩大到周口市 8 县 1 市 1 区的范围。2000 年以后，周口市城市规模扩张与其他发达城市早期规模结构扩张基本类似，城市规模呈"摊大饼"式扩张，2015 年周口市 8 县 1 市 1 区的建成区面积已达 210.25 平方公里，分别为 1973 年、1990 年和 2000 年的 17.6 倍、4.5 倍和 2.4 倍。其城市聚落分维数 D 由 2000 年的 1.907 上升到 2014 年的 8.683，周口市城市聚落分维数的变大，说明城市聚落的规模结构差异在增大，极端位序的聚落个数将进一步增多。

1973～2000 年的 2～3 标度区范围逐渐减少，4～6 标度区范围逐渐增加。按照分形理论,无标度区范围的大小表示系统自组织的完善程度。2~3标度区范围的减少表示聚落系统完善程度降低,4~6标度区范围逐渐增加表示聚落系统完成程度增强。无标度区范围的涨落,是聚落之间有序程度的变化,是一种自组织行为。第2~6标度区主要为乡村聚落,其规模小、分布广,发展受多种因素的影响。第2和第3标度区内乡村聚落可能受城镇化、人口迁移、农村经济和政策等因素的影响,其聚落规模结构变化较大,部分乡村聚落可能落入第4、第5或第6标度区,而第4~6标度内乡村聚落由于其规模结构变大,可能跃入第2~3标度区。2014年无标度区间处于无规则状态,第2和第3标度区间范围较大,其他相对较小。这说明2015年周口市乡村聚落系统的有序程度具有不规律性。

1973~2015年周口市聚落规模结构的第2标度区分维数 D 均大于2,表明第2标度区内聚落规模结构相对集中。第3标度区的分维数 D 处于波动趋势,这表明第3标度区内的聚落规模结构具有不稳定性。随着时间的推移,第4标度和第5标度区分维数 D 变化趋势较为一致,且均小于1,表明第4和第5标度区内聚落规模结构较为松散,但由于其分维数 D 是先逐渐增大然后再下降,表明第4和第5标度区内聚落的规模结构的不均衡性在增强。第6标度区内的聚落规模结构比较小,其稳定性较差,多为违法或临时性建筑,所以第6标度区的分维数 D 和 Zipf 指数 q 变化处于剧烈波动趋势。

三、聚落规模结构的影响因素分析

1973年聚落发展基本处于均衡状态,其规模结构较分散。改革开放以后，一方面家庭联产责任制的实施和农村商品经济的发展，使农民经济状况变好。周口市的农民纯收入由 1978 年的 48 元增加到 1990 年的 514 元，增加了 10.7 倍（河南省农村社会经济调查队，1991），农民收入的增加促使农民对住房需求的增加。另一方面由于 20 世纪六七十年代第二次生育高潮[①]，大量男孩在八九十年代陆续进入适婚年龄，婚房基本上成为结婚的一道必须程序，大量婚房的新建也导致了聚落规模结构扩大。最后，由于人们思想观念的改变，家庭结构逐渐向小型化转化。两代家庭逐渐占据乡村聚落的主体。周口市 1975 年平均每户有 4.9 人，到 1990 年平均每户仅为 4.5 人（周口市统计局，2012），而周口市 1975 年共有 146.1 万户，到 1990 年增加到 205.6 万户（周口市统计局，2001）。家庭结构的小型化，加剧了家庭的增生与分裂，使乡村聚落户数增加，同时也加剧了乡村聚落规模的扩大。这三方面因素共同耦合促使乡村聚落在 20 世纪 90 年代规模结构发生剧烈变化，其主要表现是第 2~6 标度区内乡村聚落的规模结构变大，规模结构的均衡性增强。

20 世纪 90 年代以后，由于城乡二元结构矛盾突出，城乡贫富差距逐步拉大，农民增收面临瓶颈。周口市 1991 年农民人均纯收入为 530 元，城镇居民可支配收入为 791.99 元，二者仅相差 261.99 元，至 2019 年农民人均纯收入为 12 196 元，城镇居民可支配收入为 28 437 元，二者相差 16 241 元，这种差距是 1990 年的 61.99 倍。城乡收入差距的加大，导致农民逐渐向非农产业转移。同时，乡村

---

① 马瀛通（2002）将中国人口生育高峰划分为三个阶段，第一次生育高峰为 1949~1958 年；第二次生育高峰为 1962~1975 年，第三次生育高峰为 1986~2000 年。其他学者认为第三次生育高峰为 1981~1990 年。本书采取马瀛通的前两个划分阶段和其他学者的第三次生育高峰划分阶段。

人口的减少，人口自然增长率的下降，使农民建房的热情持续下降。此阶段周口市人口自然增长率由 1990 年的 19.6‰下降到 2000 年的 8.48‰。农民增收困难、农村剩余劳动力向城镇转移以及乡村人口的减少，加之上一期农民建房的房屋寿命仍在使用范围内，导致这一时期乡村聚落的规模结构变化相对不大，甚至有缩小的趋势。

2000 年以后，第 2～3 标度区分维数 D 持续增加，这表明第 2～3 标度区内聚落规模结构又急剧变大。这主要由以下几个原因造成的：第一，由于新型社区的实施，各地通过行政引导、规划与农户意愿相结合的模式，将交通不便、位置偏远和规模较小的村落进行"拆村并点"，建立新的乡村社区。这种新型社区的建设使乡村聚落规模结构变大，空间结构更为合理。第二，城镇化因素对乡村聚落的影响。按照中国新型城镇化规划，中国每年城镇化率要提高 0.9%，那么按照这个速度计算，周口市乡村人口每年平均要减少 5.5 万人。但由于农村劳动力转移具有明显的"两栖性"和不稳定性，已经城镇化的农民在农村的住宅和土地并未流转，有些甚至出现"一户多宅"和"建新不拆旧"等问题，使得乡村聚落住宅并未因为剩余劳动力的转移而出现相应的减少，反而导致乡村聚落规模结构的变大。第三，农村传统观念导致乡村聚落规模的扩大。20 世纪八九十年代第三次生育高潮后，大量人口已到婚育年龄，虽然这部分生育高潮出生的人口已部分转移到城镇，但是由于农村传统观念习俗，这部分人的父母仍然会为其子女建房，造成乡村聚落规模结构增大。2000 年以后，由于政府对农村土地制度管控相对较为严格，违法乱建的现象有所收敛，其结果导致 2000 年以后第 4～5 标度区内分维数下降。但第 6 标度区的分维数上升，说明违法建筑现象有持续蔓延的势头。

本章小结与讨论

本章主要探讨时间序列变化中的聚落等级规模的演变规律，以期为城镇化战略和乡村振兴战略的实施提供理论和思路借鉴。研究主要发现：第一，聚落等级呈菱形结构。这一结论有别于中心地理论等级体系所形成的金字塔形式。第二，行政级别和交通等人文经济因素对聚落等级的影响显著；河流等地理因素对聚落等级的影响也较大。但随着时间的推移，传统的地理因素（河流）对聚落等级的直接影响处于下降趋势，人文经济因素（行政、交通等）对聚落等级的影响作用逐渐增强。第三，聚落等级呈现等级替代现象。同一等级或者不同等级之间由于行政因素或者交通道路等因素的变化导致等级的替代效应。第四，聚落规模分布趋近城市位序—规模曲线，具有"翘首"和"肥尾"特征，且实际值小于理论值。第五，聚落规模结构由集中趋向分散，规模结构差异性变大。

中国聚落形成与发展具有其独特性，是长时期人地关系交互作用下形成的结果。对于聚落发展过程中出现的等级规模演变是历史趋势，随着中国城镇化推进和乡村振兴战略的实施，乡—城人口迁移，部分聚落可能面临消亡，聚落的等级规模体系必然会出现转型与重构。聚落的过去、现在与将来具有一定的历史延续性，研究聚落的等级规模演变可得出聚落发展过程中的演变规律，为中国聚落未来调控提供借鉴。

　　相较于城市研究，采用国家、区域和城市群等宏观尺度研究，本章聚焦于传统农区中微观尺度的聚落做了些尝试，但也有些不足需要进一步探究：如关于位序一规模法则常应用于城市等级规模分析中，应用在乡村聚落分析中是否合适，还有待于进一步探讨；指标选择的两难性，由于乡村人口统计的难题，很难获得每个乡村人口数据，而利用斑块面积分析其边界很难清晰界定；长时段的数据来源不同，可能存在数据结构是否一致性等问题。

第五章

传统平原农区聚落
空间结构演变

　　乡土社会是中国社会的基石，村落一直是中国人口的主要聚居形式。截至 2017 年底，中国乡村常住人口 57 661 万人，占全国总人口的 41.5%，涉及 54 万个行政村，264 万个自然村（住房和城乡建设部综合财务司，2017）。中国乡村大多以自然状态发展，各地乡村由于经济社会发展水平迥异，导致城乡空间分布不均，规模不等，但总体上中国乡村空间分布过于分散且规模偏小，乡村空间组织的合理性和实际生活中的便捷性、舒适性也存在不足（贺艳华等，2014）。在城乡快速转型和城乡融合的背景下，城—乡二元结构逐步向城—乡—半城镇化的三元结构演变（刘春芳等，2018），聚落体系空间结构演变在速度、型式和强度方面均表现出新特征，即部分城乡地域出现乡村快速瓦解消亡、过疏化和空心化等特征，造成城乡活力下降，部分地域人居环境恶化等（贺艳华等，2013；Zhou G et al.，2013；Champion T & Hugo G，2016）。中国聚落体系空间组织迫切需要在系统、科学的理论框架下进行调整和优化。因此，科学识别并整合聚落空间结构演变规律及驱动机制是新时期乡村振兴战略实施的关键，具有重要的理论与实践意义。

近年来国内众多学者对乡村空间结构演变及驱动机制做了有益的探讨。当前学者主要关注以下几个方面：（1）乡村用地模式演变特征，总结不同类型村域用地模式。如陈诚和金志丰（2015）、李红波等（2014，2015）学者认为发达区域乡村集聚分布模式并未改变，但用地模式、功能和形态多样化。（2）乡村演变机制的总结。多数学者通过案例研究认为影响乡村空间演变的主要因素为政府调控、城镇化、工业化和交通发展等（郭晓东等，2012；Tian L，2015；宋晓英等，2015；马恩朴等，2016），但特殊区域的地形、环境和交通因素对乡村空间结构仍具有决定性作用，外部因素（人口迁移、城镇化、农业现代化）正深刻地冲击乡村空间结构（陈永林、谢炳庚，2016；李阳兵等，2016；朱媛媛等，2018）。（3）乡村空间重构的理论与实践研究。乡村重构是乡村地理学研究的新内容，多数学者对乡村重构研究不再局限在理论方面，在实践上方面也有所突破（Hoggart K & Paniagua A，2001；Long H & Liu Y，2016；李伯华等，2018）。如龙花楼等（2017，2018）对乡村重构的内涵进行阐释，并剖析了乡村重构的诱发机制、支撑机制、约束机制、引导机制和引擎机制等；席建超等（2016）则以典型旅游村为案例，构建了乡村"三生"重构过程。

以上这些研究对认识聚落体系演变及驱动机制具有重要意义，但存在以下几个问题：（1）在研究区域上，以上研究多关注东部发达区域、西部欠发达区域、南部山地丘陵和大城市周边地域的聚落体系空间结构演变，而对中部传统农区聚落体系空间结构演变与重构关注不足，但事实上，中部传统农区不仅是传统农区工业化、农业现代化和城镇化的重要反映，同时还是国家新时期"乡村振兴战略"政策侧重区域，是新时期中国城乡剧烈变动的一个重要缩影。尤其是河南省作为全国粮食主产区，"三农"问题较为突出，聚落空间演变及重构关系到河南省城镇化战略和乡村振兴战略的实施。(2) 在研究内容上，当前聚落体系研究多关注城乡内部空间结构的变化，而对新时期聚落体系之间的空间结构演变及其重构关注欠缺，尤其是在乡村振兴与乡村规划、"三农"问题的缓解和乡村人居环境质量的提升中，聚落体系的空间结构演变与驱动机制的再认识具有重要的理论和实践意义。(3) 在研究尺度上，当前研究较多关注国内宏观尺度上聚落空间结构演变，而在宏观与微观尺度结合上存在认识不足。(4) 在研究对象上，国内外学者多将城乡聚落体系割裂开研究，多就城镇论城镇，就乡村论乡村，这虽为早期聚落体系空间结构研究提供了方便，但是缺乏整体性的研究思维，尤其是随着城镇空间结构的分散化导致城镇区域整体化，城镇和乡村的边界变得越来越模糊，将城镇体系和乡村体系割裂开越来越与现实世界不符。因此本章以传统平原农区周口市城乡聚落为研究对象，重点分析城乡聚落的空间结构演变特征、演变模式和演变的机制。

一、聚落空间结构演变特征

（一）聚落空间结构与中心地理论型式

周口市聚落体系的空间结构由四边形、五边形或六边形等多

边形相结合而构成（见图 5-1～图 5-5）。以周口市为中心，太
康县（51.28 千米）①—鹿邑县（81.80 千米）—沈丘县（47.18
千米）—上蔡县（55.64 千米）—临颍县（48.94 千米）六个县
形成了一个近似的正六边形。由于周口市距离商水县和项城市
较近，导致周口市 1 级聚落体系的空间结构变形较为严重，在周
口市聚落体系中其邻近的临颍县部分区域和上蔡县部分区域应
为周口市的市场区。这个中心地类型应为地区性中心地类型，
其市场类型应属于地区性中心市场区，其最大的属地应为地区
性贸易区②。以郸城县 1 级聚落为例，以郸城县为中心形成一个
五边形市场区，以竹凯店村为中心形成一个四边形市场区，其
他聚落空间结构也均为四边形、五边形或六边形等多边形相结
合而构成。

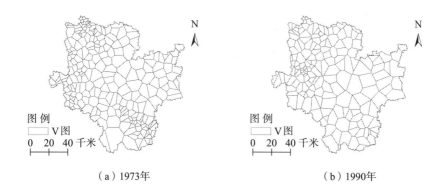

（a）1973年　　　　　　　　　　（b）1990年

---

　①　括号内数字为距离周口市中心的直线距离。
　②　以上蔡县党店镇为例，其乡镇农贸批发源地多来自周口市荷花大市场。作者曾与
多位商贩交流，问其为何不到所属的驻马店市批发商品，他们多数表示离驻马店市较远。
通过百度地图（2018-05-12）测量距离发现，党店镇离周口市的直线距离为 18.1 千
米，离驻马店市的直线距离为 55.2 千米。

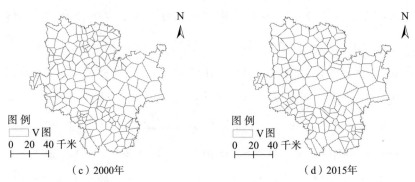

（c）2000年 （d）2015年

图 5 - 1 1973～2015 年 1 级聚落空间结构与 V 图

资料来源：作者自绘。底图来源于禄丰年、毛忠民. 河南省地图册［M］. 北京：中国地图出版社，2006.

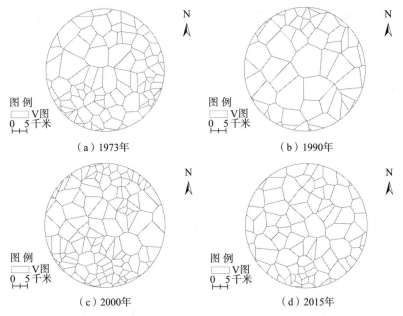

（a）1973年 （b）1990年

（c）2000年 （d）2015年

图 5 - 2 1973～2015 年 2 级聚落空间结构与 V 图

注：由于第 2～5 级聚落数量较多，无法完全展示其空间演变，所以采用局部展示法，随机选择周口市某一点为中心作 20 千米的缓冲区分析第 2～5 级聚落的空间结构与 V 图。

资料来源：作者自绘。

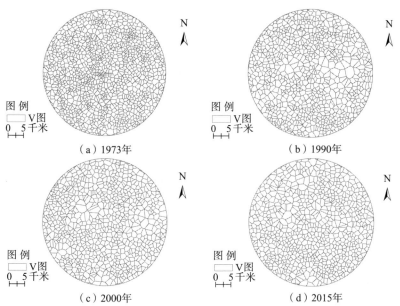

（a）1973年　　　　（b）1990年

（c）2000年　　　　（d）2015年

图 5 – 3　1973 ~ 2015 年 3 级聚落空间结构与 V 图

资料来源：作者自绘。

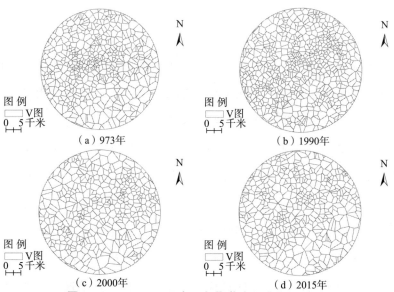

（a）973年　　　　（b）1990年

（c）2000年　　　　（d）2015年

图 5 – 4　1973 ~ 2015 年 4 级聚落空间结构与 V 图

资料来源：作者自绘。

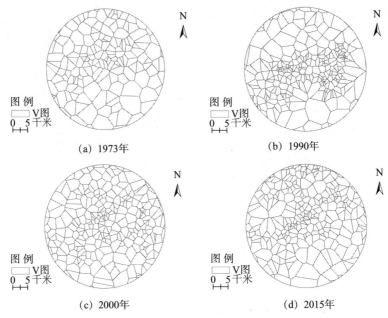

图 5 – 5　1973 ~ 2015 年 5 级聚落空间结构与 V 图

资料来源: 作者自绘。

　　克氏的中心地理论是在严格假设下, 抽象出的六边形法则, 但在现实中大自然的空间结构不会是单一形式存在, 其可能出现四边形、五边形或六边形等多种空间结构的结合 (刘继生等, 1998; 王心源等, 2001a, 2001b)。这种空间结构的多样性反映在人文经济现象上, 即为人类行为的多样性导致聚落空间结构的不唯一性。周口市属于传统平原农区, 其聚落是几千年来当地人类社会历史发展到一定阶段的产物, 其空间结构具有一定的稳定性。在外界干扰较小的情况下, 其将沿着固有的路径持续发展, 当聚落的空间结构达到一定均衡状态时, 才可能形成新的空间结构。打破这种均衡状态的力量在自然状态下将会经历几十年甚至更长的时间, 然而随着人类社会经济活动对聚落空间的影响，打破这种均衡状态的时间变得越来越短，力量越来越强大，过程越来越复杂。

（二）聚落空间结构辐射范围

随着时间的推移，周口市聚落体系空间辐射范围逐渐变大，空间结构辐射面积从 1973 年的 0.77 平方千米增至 2015 年的 0.98 平方千米，增幅为 27.2%（见表 5 - 1）。虽然各等级的聚落体系空间辐射范围部分年份有所下降，但总体上处于增加趋势。各等级聚落体系空间辐射范围的变化，反映了不同时段的经济社会结构对聚落空间结构的影响。周口市聚落体系斑块个数的减少和平均最邻近距离的增大（见表 5 - 2 和表 5 - 3），间接表明周口市聚落体系空间结构的变化。反映在人类行为活动上则表现为人类出行距离增加、商品货物的市场范围扩大，即聚落体系空间辐射范围变大。而许学强等（1983）认为中国城镇分布的平均最邻近距离是不断缩短。从聚落体系演化的过程来看，城镇的个数总趋势是在增加，平均最邻近距离缩短。而乡村总趋势是在减少，且减少的速度要快于城镇增加的趋势，所以总体上聚落体系平均最邻近距离增大。

表 5 - 1　　　　　　　聚落各等级空间结构辐射范围　　　单位：平方千米

年份	1级	2级	3级	4级	5级	平均
1973	49.24	10.86	1.26	3.44	10.22	0.77
1990	68.38	12.35	1.41	3.56	13.56	0.86
2000	65.03	11.71	1.75	3.91	8.19	0.95
2015	75.26	15.28	1.76	3.80	9.18	0.98

资料来源：根据影像解译数据统计。

表 5-2 　　　　　1973～2015 年各县域聚落斑块数量变化 　　　　单位：个

年份	川汇	扶沟	西华	商水	沈丘	郸城	淮阳	太康	鹿邑	项城
1973	174	953	1 065	1 448	1 587	2 231	2 192	2 243	2 015	1 546
1990	118	866	1 002	1 269	1 415	1 999	2 031	2 017	1 821	1 368
2000	111	748	940	1 162	1 389	1 888	1 770	1 536	1 789	1 220
2015	83	656	895	1 089	1 367	1 838	1 754	1 523	1 769	1 212

资料来源：根据影像解译数据统计。

表 5-3 　　　　　1973～2015 年聚落平均最邻近距离 　　　　单位：米

等级	年份	平均最邻近距离均值
1 级	1973	4 036.087
	1990	4 426.565
	2000	4 558.076
	2015	5 299.616
2 级	1973	1 661.610
	1990	1 712.770
	2000	1 821.182
	2015	2 043.227
3 级	1973	601.614
	1990	743.598
	2000	753.121
	2015	772.249
4 级	1973	831.309
	1990	856.258
	2000	929.928
	2015	901.418

等级	年份	平均最邻近距离均值
5 级	1973	1 381.760
	1990	1 353.157
	2000	1 184.204
	2015	1 224.899

资料来源：根据影像解译数据统计。

克氏的中心地理论认为高等级的中心地其空间辐射范围较大，低等级的中心地其空间辐射范围较小。而周口市的聚落并不完全遵循中心地理论的市场空间结构，周口市聚落各等级的空间结构呈现倒"U"形结构。1 级空间结构最大，其次是 2 级空间结构、5 级空间结构和 4 级空间结构，3 级空间结构最小（见图 5-1 ~ 图 5-5 和表 5-1）。1 级和 2 级属于较高等级的空间结构，随着时间的推移，其辐射范围较大；3 级属于广大的乡村地区，其分布广、密度大，散布于高等级聚落中，其空间市场被高等级聚落挤压，所以 3 级聚落的空间结构比较小，随着时间的推移，其空间结构扩展相对较慢。由于 1 级和 2 级聚落空间结构不是正四边形或正六边形，其周围的 3 级聚落的空间结构无法完全占领 1 级和 2 级聚落所留下的空白市场，这些空白市场需要更小的聚落点占领，而 4 级和 5 级聚落刚好填补了这些市场结构的空白。这些细小的市场空白，在某些市场区域内其功能可能超过其他较高等级的市场结构功能。受各种人为因素（行政因素、区域规划、重大事件等）的影响，尤其是近些年来工业化、城镇化等因素的影响，这些细小的市场结构稳定性越来越差。

(三) 聚落体系交通空间结构的演变

周口市的聚落体系基本符合克氏中心地交通原则下的空间结构，高等级交通路网（高速公路和一级公路）倾向于高等级聚落集聚（1 级），低等级路网（三级公路和四级公路）倾向于低等级聚落集聚（3~5 级）（见表 5-4）。1973~2015 年，1 级聚落距离一级公路、二级公路、高速公路和铁路的距离最小，距离三级公路和四级公路相对较远；5 级聚落距离一级公路、二级公路、高速公路和铁路的距离最大，距离三级公路和四级公路相对较近。1 级聚落是较为重要的中心地，经济发展水平较高、人口集聚程度高，各类重要交通要素向 1 级聚落集聚。如省道 102、省道 238、宁洛高速、郑合高铁、宁洛铁路等高等级公路、铁路均通过这些重要中心地，大广高速和国道 106 等国家级公路均在此与之交汇，形成了豫东南地区与皖江城市带乃至于长三角相联系的交通廊道。5 级聚落虽然具有交通指向性，但由于其规模小，达不到相应的交通集聚效应，故 5 级聚落交通可达性不如 1 级聚落。而三级公路和四级公路主要向 3~4 级聚落集聚，这是因为 3~4 级聚落是乡村聚落的主体，三四级公路是其主要对外联系的通道，所以三四级公路向 3~4 级聚落集聚，以便发挥集聚效应和规模效应。

表 5-4 各等级聚落的可达性 单位：米

年份	交通	1 级	2 级	3 级	4 级	5 级
1973	一级公路	4 920.1	5 696.9	5 801.3	5 396.1	5 404.7

年份	交通	1级	2级	3级	4级	5级
1990	一级公路	4 500.7	4 979.6	5 333.0	5 734.6	7 797.9
	二级公路	4 948.4	5 648.6	4 633.1	4 636.9	4 329.2
	铁路	14 593.1	14 713.2	15 764.8	16 315.3	17 279.2
2000	一级公路	3 512.2	3 988.9	4 331.7	5 002.4	5 738.8
	二级公路	4 251.1	4 851.0	5 024.6	4 951.0	4 970.2
	三级公路	4 742.8	5 096.1	5 363.9	5 667.3	59 932.3
	四级公路	5 621.3	5 696.9	5 201.2	5 396.1	5 204.7
	高速公路	9 007.4	9 610.7	10 925.3	11 387.1	11 087.8
	铁路	12 787.0	12 966.2	14 051.0	15 105.9	16 605.1
2015	一级公路	3 438.5	3 981.0	4 009.4	3 904.1	4 011.4
	二级公路	2 328.5	2 420.0	2 519.0	2 644.0	2 835.3
	三级公路	4 556.9	4 798.2	4 663.3	4 767.3	5 063.1
	四级公路	5 664.7	5 543.9	4 968.4	4 871.6	4 682.5
	高速公路	6 501.2	7 064.9	7 288.4	7 104.2	7 363.7
	铁路	9 319.7	10 971.2	11 357.5	11 682.9	14 337.4

资料来源：根据影像解译数据统计。

（四）行政原则对聚落空间结构的影响

周口市的聚落按照现行的行政级别具有1个中心性城市、9个县级城市，组成1个行政原则下的高等级行政管理区。川汇区属于区域性中心城市，各个县域隶属于周口市，形成一个近似五边形的空间结构。中心城市和县域中心属于较高等级中心地，由于其历史路径的锁定性，高等级的行政中心将会一直持续发展下去，在现行的行政体系下，一个高等级行政管理区除非在发生较大行政体系调整的情况下才会出现结构性变化。如表 5 – 5 和表 5 – 6 所示，周口市高等级的行政管理中心一直保持 1 个中心性城市、9 个县级城市。

　　周口市 8 县 1 市 1 区，每个城市分别由 20 个左右的乡、镇组成一个次级行政管理区。各种行政管理中心存在于各区域地理空间中，他们被行政力量分解为各个低等级中心地，如乡、镇级别。随着时间的推移，这种行政力量主导的行政等级思想，将会建立更加合理的行政中心。县级城市将会调整其管理区内的行政中心，使其更加符合县级行政中心的管理职能。这种调整一般都是通过增减乡镇行政中心，或重新划分乡镇行政中心边界。周口市的县级行政中，随着时间的推移，其乡镇级别的行政管理中心逐渐减少，就说明了周口市县级城市的行政中心行政管理职能的合理化过程（见表 5 – 5）。

　　周口市每个乡镇行政中心服务于 23 ~ 29 个行政村。行政村是中国现行行政体系下最小的行政单元，也属于最基础市场区。随着时间的推移，周口市行政村数量逐渐增加，由 1973 年的 23.4 个，增加到 2014 年的 29.3 个（见表 5 – 6）。在一定行政管理单元内，乡镇行政中心的减少，意味着每个乡镇管辖的行政村数量将增加。从截面数据来看，每个乡镇行政中心服务于 23 ~ 29 个行政村。而施坚雅认为在中国任何相当大的区域内村庄（指自然村）与基层或较高层次的市场指标的平均值接近于 18（施坚雅，1998）。施坚雅的基层市场结构与本研究的行政原则下的空间结构较为接近。不同之处在于施坚雅的基层市场结构研究单元是自然村，而本研究认为行政原则下的空间结构应是行政村。从另一个方面说明，基层市场结构应为 58 ~ 69 个自然村较为符合周口市的基层市场结构。

表 5 - 5　1973～2015 年各县域乡、镇、行政村和自然村数量变化情况

单位：个

年份	项目	总计	川汇	扶沟	西华	商水	沈丘	郸城	淮阳	大康	鹿邑	项城
1973	乡政府数	182	14	14	18	21	19	19	19	21	21	16
	镇政府数	11	0	1	1	1	2	1	1	1	1	2
	行政村数	4 511	—	380	390	583	490	484	507	721	487	443
	自然村数	15 532	174	953	1 065	1 449	1 587	2 231	2 191	2 243	2 015	1 546
1990	乡政府数	115	3	10	11	13	12	12	14	16	14	10
	镇政府数	67	0	5	8	9	9	8	6	6	8	8
	行政村数	4 804	62	400	433	603	537	503	508	758	535	461
	自然村数	13 902	118	866	1 002	1 269	1 414	1 999	2 031	2 017	1 821	1 368
2000	乡政府数	102	8	9	11	13	12	12	14	17	13	10
	镇政府数	72	0	6	8	9	9	8	6	6	9	8
	行政村数	4 845	64	411	430	596	556	497	509	767	548	463
	自然村数	12 553	111	748	940	1 162	1 389	1 888	1 770	1 536	1 789	1 220
2015	乡政府数	83	14	6	13	14	12	14	11	10	13	6
	镇政府数	84	0	9	8	9	10	8	7	13	11	15
	行政村数	4 888	115	411	435	572	558	488	495	777	552	462
	自然村数	12 187	83	656	895	1 089	1 368	1 838	1 754	1 523	1 769	1 212

注：由于 1973 年数据难以获得，故采用 1983 年统计年鉴中的相关数据替代。1990 年和 2000 年乡镇个数、大康县乡镇个数和鹿邑县行政村个数来源于 1984 年河南省统计年鉴。1990 年数据来源于 1990 年统计年鉴，西华县乡镇个数、商水县行政村个数（1990 年和 2000 年）、2015 年数据来源于周口市 2016 年统计年鉴。自然村数来源于周口市 1973 年、1990 年、2000 年和 2015 年矢量化数据库。

表 5 – 6　　　　　　1973～2015 年行政中心数量变化情况　　　　单位：个

年份	市区数	县城数	乡镇	行政村	自然村
1973	1	9	21.4	23.4	3.4
1990	1	9	20.2	26.4	2.9
2000	1	9	19.3	27.8	2.6
2015	1	9	18.6	29.3	2.5

注：乡镇个数表示每个县域包含的乡镇个数；行政村个数表示每个乡镇中包含的行政村个数；自然村个数表示每个行政村包含的自然村个数。
资料来源：根据影像解译数据统计。

周口市每个行政村服务于 2.5～3.4 个自然村。自然村是中国村落体系下最小的聚落单元，其个体从属于最小的行政单元——行政村。自然村可认为是市场结构中的小市场，其结构具有不稳定性。随着时间的推移，周口市的自然村个数逐渐减少，尤其是近年来，各地新型社区的实施，大量村落通过行政手段合理引导，空间结构得到合理布局，形成新的社区单元。

高等级的行政管理中心的空间结构较为稳定；每 20 个左右的乡镇中心组成一个县一级的行政管理单元；每 27 个左右的行政村组成一个乡镇一级的行政管理单元；每 2～3 个左右的自然村组成一个行政村。随着时间的推移，中心城市和县级城市的行政中心结构变化不大，乡镇级别的行政结构将会持续减少，每个县域行政单元保持在 15～20 个乡镇较为合理。按照行政原则，这样就会形成 2～3 个行政体系，每个体系由 6～7 个乡镇组成。由于自然村落的消失，使得聚落空间结构重新布局，行政村的个数将会持续增加，自然村个数将会持续减少。

二、聚落体系空间结构演化模式

本研究采用 V 图和空间扩张指数剖析城乡研究区内聚落的空间结构，结合研究区内经济、社会、文化和自然等因素分析将周口市聚落体系空间结构演变划分为均衡式空间结构、点轴式空间结构、中心外围结构和圈层式空间结构，具体如下：

（一）均衡式空间结构

1973 年，周口市的城市主要集中在"三纵三横"的县道上，城镇空间结构呈现"3—3—3"均衡发展的"田"字结构。周口市除中心城区人口与建成区面积较大外，其他城市人口和建成区面积基本相差不大（见表 5－7），周口市城镇体系整体上处于低水平的均衡状态。

表 5－7　　　　城市人口增长及建成区面积扩张指数

年份	项目	川汇	扶沟	西华	商水	沈丘	郸城	淮阳	太康	鹿邑	项城
1973	城镇人口（万人）	20.6	1.7	2.0	2.7	2.7	2.9	3.1	3.1	2.6	2.6
	建成区面积（平方千米）	3.7	1.2	0.8	0.4	1.0	0.9	1.4	0.9	0.9	0.6
1990	城镇人口（万人）	27.9	4.0	5.8	4.0	7.9	5.4	7.7	6.5	5.0	6.9
	建成区面积（平方千米）	12.4	3.7	4.3	2.9	4.7	3.7	3.3	4.4	3.7	3.9

年份	项目	川汇	扶沟	西华	商水	沈丘	郸城	淮阳	太康	鹿邑	项城
2000	城镇人口（万人）	34.6	6.4	9.7	6.9	13.7	9.7	12.4	9.7	6.8	18.9
	建成区面积（平方千米）	18.2	8.1	6.0	5.1	7.3	7.1	7.4	9.6	6.5	12.2
2015	城镇人口（万人）	58.6	16.9	21.2	22.7	26.1	26.7	29.4	28.0	26.2	35.5
	建成区面积（平方千米）	50.5	19.4	12.2	15.4	18.5	15.6	17.8	14.9	17.3	23.6
1973～1990	年均增长人口（万人）	0.43	0.14	0.22	0.08	0.31	0.15	0.27	0.20	0.14	0.25
1973～1990	年均扩展面积（平方千米）	0.51	0.15	0.21	0.15	0.22	0.16	0.11	0.21	0.16	0.19
1990～2000	年均增长人口（万人）	0.67	0.24	0.39	0.29	0.58	0.43	0.47	0.32	0.18	1.20
1990～2000	年均扩展面积（平方千米）	0.58	0.44	0.17	0.22	0.26	0.34	0.41	0.52	0.28	0.83
2000～2015	年均增长人口（万人）	1.62	0.70	0.77	1.05	0.83	1.13	1.13	1.22	1.30	1.11
2000～2015	年均扩展面积（平方千米）	2.16	0.76	0.41	0.69	0.75	0.57	0.69	0.35	0.72	0.76

资料来源：根据遥感影像解译数据统计，其中 1973 年城镇人口数据根据中国第三次人口普查分县数据推算获得；1990 年城镇人口数据采用非农业人口；2000 年城镇人口数据来自中国第五次人口普查分县数据，2015 年城镇人口数据来自中国第六次人口普查数据分县数据。

　　1973 年，周口市的乡村体系呈散布状态，其 V 图分布相对较均衡（见图 5-6）。此阶段，乡村生产力水平较低，社会和生活封闭性较明显，乡村体系基本上属于散布的均衡状态。虽然各县域内的乡村数量不等，但其平均斑块面积基本上一致，斑块面积相对较小，均处于 0.02 ~ 0.04 平方千米（见表 5 - 8）；1970 年，乡村人均纯收入约为 75 元，乡村发展表现出低水平的均衡状态。

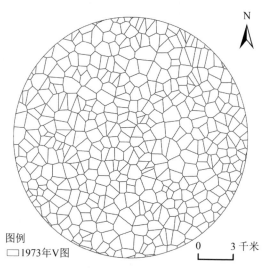

图 5 - 6　周口市聚落 V 图（1973 年）

资料来源：作者自绘。

（二）点轴式空间结构

　　1990 年，周口市聚落体系呈现典型的点轴式空间结构。1973 ~ 1990 年周口市通过交通线路的修建对沿线聚落的影响增强，激活了交通沿线聚落点，加速了各种资源要素流动，部分交通沿线形成新的小城镇。1973 年周口市仅有 4 个小城镇，而随着周口市交通线路的建设，交通沿线节点形成小城镇带，至 1990 年周口市小城镇的个数达到 67 个。新城镇是原来城镇体系突变的结果，并与乡村道路相连，形成新的点轴系统。

表5-8 乡村人口增长及斑块面积扩张指数

年份	项目	川汇	扶沟	西华	商水	沈丘	郸城	淮阳	太康	鹿邑	项城
1973	乡村人口（万人）	20.0	54.6	65.0	88.4	88.4	93.6	100.0	99.1	83.0	82.7
	乡村斑块面积（平方千米）	5.2	40.9	36.2	47.1	52.9	51.8	52.1	57.9	50.5	36.9
	乡村斑块个数（个）	173	952	1 064	1 447	1 586	2 230	2 191	2 242	2 014	1 545
	平均斑块面积（平方千米）	0.03	0.04	0.03	0.03	0.03	0.02	0.02	0.03	0.03	0.02
1990	乡村人口（万人）	25.7	61.4	71.3	98.7	100.1	108.2	112.9	113.1	96.2	93.5
	乡村斑块面积（平方千米）	8.1	90.2	87.2	94.4	76.4	88.8	96.0	173.5	107.2	71.1
	乡村斑块个数（个）	117	865	1 001	1 268	1 414	1 998	2 030	2 016	1 820	1 367
	平均斑块面积（平方千米）	0.07	0.10	0.09	0.07	0.05	0.04	0.05	0.09	0.06	0.05

续表

年份	项目	川汇	扶沟	西华	商水	沈丘	郸城	淮阳	太康	鹿邑	项城
2000	乡村人口（万人）	24.8	60.3	72.2	102.4	94.3	105.5	110.6	115.8	100.0	86.4
	乡村斑块面积（平方千米）	8.9	105.9	98.1	140.3	146.9	135.4	182.4	211.1	133.5	131.2
	乡村斑块个数（个）	110	747	939	1 161	1 388	1 887	1 769	1 535	1 788	1 219
	平均斑块面积（平方千米）	0.08	0.14	0.10	0.12	0.11	0.07	0.10	0.14	0.07	0.11
2015	乡村人口（万人）	19.7	45.6	57.5	71.3	72.3	73.7	79.6	82.3	64.8	64.8
	乡村斑块面积（平方千米）	8.5	118.6	129.3	189.1	205.2	202.8	207.7	249.7	176.3	188.4
	乡村斑块个数（个）	82	655	894	1 088	1 366	1 837	1 753	1 522	1 768	1 211
	平均斑块面积（平方千米）	0.10	0.18	0.14	0.17	0.15	0.11	0.12	0.16	0.10	0.16
1973～1990	年均增长人口（万人）	0.34	0.40	0.37	0.61	0.69	0.86	0.76	0.82	0.78	0.64

续表

年份	项目	川汇	扶沟	西华	商水	沈丘	郸城	淮阳	太康	鹿邑	项城
1973~1990	年均扩展面积（平方千米）	0.17	2.90	3.00	2.78	1.38	2.18	2.58	6.80	3.34	2.01
1973~1990	年均减少斑块个数	3.29	5.12	3.71	10.53	10.12	13.65	9.47	13.29	11.41	10.47
1990~2000	年均增长人口（万人）	-0.09	-0.11	0.09	0.37	-0.58	-0.27	-0.23	0.27	0.38	-0.71
1990~2000	年均扩展面积（平方千米）	0.08	1.57	1.09	4.59	7.05	4.66	8.64	2.76	2.63	6.01
1990~2000	年均减少斑块个数	0.70	11.80	6.20	10.70	2.60	11.10	26.10	48.10	3.20	14.80
2000~2015	年均增长人口（万人）	-0.34	-0.98	-0.98	-2.07	-1.47	-2.12	-2.06	-2.23	-2.34	-1.44
2000~2015	年均扩展面积（平方千米）	-0.03	0.85	2.08	3.26	3.88	4.49	1.69	3.24	2.86	3.82
2000~2015	年均减少斑块个数	1.87	6.13	3.00	4.86	1.47	3.33	1.06	0.87	1.33	0.53

资料来源：根据遥感影像解译数据统计，其中1973年乡村人口数据根据中国第三次人口普查分县数据推算获得；1990年乡村人口数据来自中国第五次人口普查分县数据；2015年乡村人口数据来自中国第六次人口普查分县数据，2000年乡村人口数据来自1990年统计年鉴；数据来自周口市1990年数据。

　　1990 年，乡村体系作为点轴系统中的一部分，其发展受城镇影响。一方面，城镇在开发周边区域的同时也为乡村输送了其发展所必需的资源要素，促进乡村发展。如沿 S102 交通线的部分乡村规模和 Voronoi 空间结构变大且向交通线发展（图 5 - 7a 和图 5 - 7b）。1973～1990 年周口市乡村人口和斑块面积均得到较大的发展，人口年均增长在 0.3 万人以上，斑块面积年均扩张 2.0 平方千米以上（见表 5 - 8）。另一方面，乡村为城镇发展提供资源要素，客观上释放了乡村所蕴藏的经济增长潜力，增加了乡村居民收入。在此期间农民人均纯收入从 1970 年的 75 元增加到 1990 年的 514 元，增加了6.9 倍。

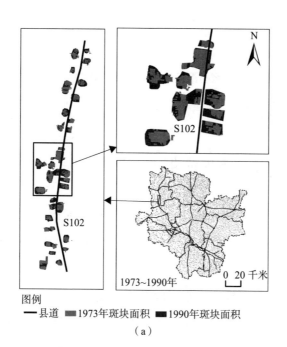

（a）

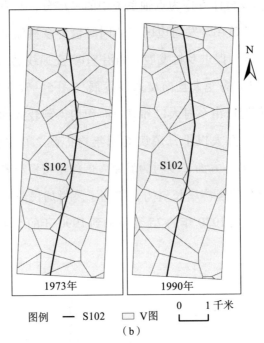

图 5 - 7　乡村聚落扩张及 V 图（1973～1990 年）

资料来源：作者自绘。底图来源于禄丰年、毛忠民. 河南省地图册 [M]. 北京：中国地图出版社，2006.

（三）中心—外围结构

2000 年，周口市城镇体系发展呈现中心外围结构。中心城市开始极化，中心城市、项城市、淮阳县和沈丘县城市人口和建成区面积增加较为显著（见表 5 - 7），呈现出 1—3—5 的雁形阵结构。中心城市的投资机会较多，投资收益水平高于其他区域，造成其他区域有限的资金流入中心城市。如 1990～2000 年中心城市、项城市、淮阳县和沈丘县固定资产完成额每年保持递增的趋势，其中心性逐渐凸显（见表 5 - 9）。由于中心城市经济增长对劳动力需求上升，周口市城镇人口由 1990 年的 68 万人增加到 2000 年的 103 万人。大量乡村人口，特别是技术性劳动力向城镇转移，使中心城市在竞争中处于有利的地位。

表 5 - 9　　　　1990~2000 年各县固定资产投资完成额　　单位：亿元

年份	川汇	扶沟	西华	商水	沈丘	郸城	淮阳	太康	鹿邑	项城
1990	1.37	0.09	0.06	0.13	0.10	0.06	0.08	0.30	0.04	0.36
1992	1.47	0.08	0.28	0.17	0.12	0.07	0.14	0.23	0.64	1.07
1994	1.92	0.77	0.61	0.19	0.42	0.36	0.39	0.50	1.75	4.96
1996	2.47	0.86	2.21	0.67	1.37	1.14	0.89	1.42	0.51	4.56
1998	5.23	1.23	2.59	1.17	2.57	0.64	1.84	2.41	0.64	3.13
2000	16.69	0.99	1.36	0.89	3.47	1.51	1.64	1.50	1.05	4.34

资料来源：《河南省统计年鉴》（1991~2001 年）。

2000 年，周口市乡村体系由点轴系统中的点或轴线逐渐演变为区域发展中的外围。乡村斑块面积虽然在持续增加，但其扩张指数明显低于上阶段的扩张指数（见图 5 - 8a 和表 5 - 8），乡村 V 图变化相对不大（见图 5 - 8b）。此阶段，由于城市对乡村的极化效应，乡村人口下降（见表 5 - 8），城乡收入差距拉大，2000 年周口市的城乡收入之差是 1990 年城乡收入之差的 5.3 倍。在投资方面，由于投资主要倾向于中心城镇，乡村地区投资虽然总体投资额在增加（见表 5 - 10），但由于乡村聚落数量众多，导致其投资平均额度较少，对乡村的发展作用并不十分明显。

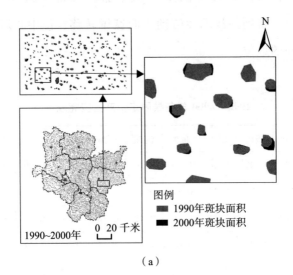

图例
■ 1990年斑块面积
■ 2000年斑块面积

（a）

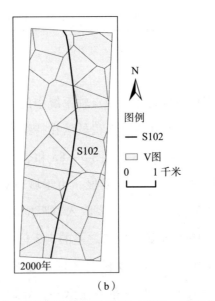

（b）

图 5 – 8　乡村聚落扩张及 V 图（1990～2000 年）

资料来源：作者自绘。底图来源于禄丰年、毛忠民．河南省地图册［M］．北京：中国地图出版社，2006.

表 5 – 10　　　　　1995～2000 年城镇与乡村地区投资额　　　单位：亿元

按地区投资	1995 年	1996 年	1997 年	1998 年	1999 年	2000 年
城镇区域投资	14.18	18.58	26.17	27.88	29.65	37.81
乡村区域投资	14.82	23.10	31.28	37.33	36.01	40.55

资料来源：《周口市统计年鉴》（1996～2001 年）。

（四）圈层式空间结构

2015 年，周口市城镇体系发展按照一核两带、圈层结构发展。（1）"一核"是指周（口）商（水）复合中心城市。由于周口市中心城区较小，其有限的面积限制中心城区发展，周口市提出并实施周商一体化战略，使周商成为一个核心层，发挥较强的辐射带动作用。周商城市人口和城市建设用地面积明显快于上一期（见表 5 – 7），与同一期的其他县城相比，这种变化依然比较显著，尤其是中心城市的变化最为显著（见图 5 – 9a）。（2）"两带"是指周（口）项（城）淮（阳）经济隆起带和鹿（邑）郸（城）沈（丘）沿边开放经济带。周项淮经济隆起带的城市人口和建设用地面积扩展较为明显，鹿郸沈沿边开放经济带的城市人口和城市建设面积扩展相对显著（见表 5 – 7）。（3）圈层结构是以周商为核心层圈层；项城市、淮阳县、西华县与周商复合中心形成紧密的联系层；郸城、鹿邑、扶沟等五县城构成区域发展的外围层；核心层与紧密层紧密联系，同时又辐射外围层。

2015 年，周口市的乡村斑块面积扩张达到最低水平，乡村人口和乡村斑块个数持续减少（见表 5-8）；以中心城市和商水县之间的乡村为例，其乡村扩张指数和 V 图变化最剧烈（见图 5-9a 和图 5-9b），城镇化不断侵蚀周边的乡村，使周商大道周边的乡村几近消失殆尽。随着城镇化和工业化进程的加快，城镇吸纳就业能力不断增强，乡村劳动力不断向城镇转移，周口市城镇化率由 2000 年的 12.98%，增加到 2016 年的 39.5%，平均每年增加 1.7%，大量乡村人口向城镇转移，促进了城乡经济的协调发展。周口市的乡村居民人均纯收入由 2000 年的 1 915 元，增加到 2019 年的 12 196 元，平均每年增长 4.2%。

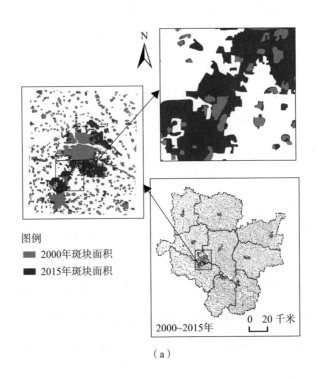

图例
■ 2000年斑块面积
■ 2015年斑块面积

2000~2015年　　　0　20 千米

（a）

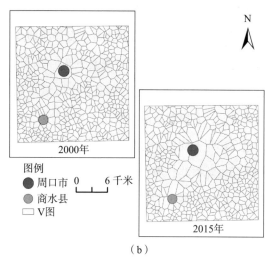

图 5 – 9　乡村聚落扩张及 V 图（2000 ~ 2015 年）

资料来源：作者自绘。底图来源于禄丰年、毛忠民. 河南省地图册［M］. 北京：中国地图出版社，2006.

（五）聚落体系空间结构演变机制

周口市聚落体系的空间结构演变过程与趋势受多种因素的影响与制约，但各种因素的作用程度因区域差异而不同。根据周口市聚落体系的空间结构演变的分析，发现其演变机制主要包括以下几种方式。

1. 交通导向机制

交通通道建设，完善交通条件，激发交通沿线生产要素活力，促进生产要素合理配置，增强聚落吸引辐射力，带动区域产业优化升级，扩大区域生产规模，优化城乡产业的分工与协助，重组聚落体的空间结构，形成交通廊道组团，带动交通轴线发展，建立节点城镇，吸引乡村剩余劳动力，使聚落体系整体经济实力增强，形成并进入良性循环状态，最终推动聚落体系空间结构不断优化（见图 5 – 10）。从周口市 1973 ~ 2015 年聚落体系空间结构演变发现，从最初"3—3—3"的均衡式，到点—轴式，再到"1—3—5"的雁形阵式和圈层发展，每个发展阶段均与交通通道建设有关。交通通道的建立，完善了周口市交通条件，激活了交通沿线生产要素活力，促进周口市聚落发展壮大，带动整个区域发展。尤其是近些年，交通廊道规划建设，升级改造漯阜铁路，开通沙河航道，建设周口—漯河城际铁路；建设郑州—周口—合肥客运专线，周口—驻马店—南阳高速公路，周口—商丘城际铁路，周口—驻马店—南阳铁路，交通廊道的建设在一定程度上强化了中心城市的核心地位，使中心城市的交通枢纽地位增强，极化效应凸显（郭荣朝等，2013）。同时，交通廊道建设加深县级中心和重要节点城镇的资源要素流动，吸引乡村剩余劳动力，促进乡村基础设施建设，加快乡村振兴战略的实施，提升其区域竞争力。

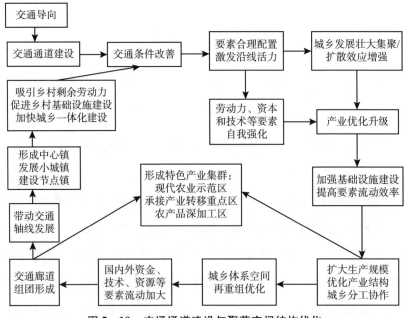

图 5 – 10　交通通道建设与聚落空间结构优化

资料来源：作者自绘。

2. 特色产业集群机制

周口市作为传统农区的典型代表，其在实施产业空间重组过程中，应首先对现有企业进行产业导向评价。即在特色产业集群发展中，坚持资源禀赋、区域条件、产业链条、生态、经济和社会效益，形成现代农业示范区、农产品精深加工区和承接产业转移重点区等特色产业集群。通过龙头企业带动，形成"龙头企业＋专业合作社＋基地＋农户"的新型经营模式，城乡聚落利用不同资源禀赋和区位条件，实行错位布局、协调配合，整合城乡各类生产要素，使符合产业导向的企业向中心城市集聚；不符合产业导向的企业升级改造，向中心城市集聚或关停淘汰。通过特色产业集群发展带动农民增收，推动城乡共同富裕，促进乡村人口向中心聚落转移，调整优化聚落体系的空间结构，最终实现聚落体系经济社会可持续发展（见图5-11）。周口市加快特色产业集群的建设，截至2016年底实现11个省级特色产业集群，以项城市、商水、淮阳县城作为中心城区的重要组团，推动周商、周淮一体化，积极发展周项特色产业集群，特色产业集群建成面积109平方千米，累计完成投资1 193亿元，实现销售收入1 973亿元，实现利税84亿元，着力形成纺织服装产业、农副产品加工为特色的产业集群，转移乡村人口就业57万余人。城乡功能上，中心城市将以商贸物流业、旅游服务业、文化产业、高新技术产业和农副产品加工业为主，将会形成豫东南地区中心城市；二级城市将来主要以医药工业、化工造纸业、旅游服务业、农副产品加工业等；三级城市分别为食品轻工业、纺织服务业、农副产品加工业等；四级城镇主要以乡村服务业和农副产品加工业为主；五级城镇主要以乡村服务业为主；乡村则主要以特色农业生产为主。

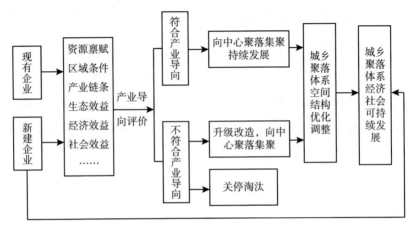

图 5 – 11　特色产业集群与聚落空间结构优化

资料来源：作者自绘。

3. 政府作用机制

　　政府作用机制是政府通过政策调整、管理服务、规划设计和基础设施建设等手段（郭晓东等，2012），使国家需求变化与城乡人口迁移和住宅需求变化等社会需求相结合，形成驱动力。在国家城镇化战略和乡村振兴战略的实施下，重点推进"中心镇"和"中心村"两个空间层次，完善"中心城市—中小城市—中心镇—一般镇—中心村—基层村"的空间结构（见图 5 – 12）。周口市首先推行示范村镇建设。城市新区、产业集聚区和中心城市近郊区的村庄，按照城市规划和建设标准，率先实现城乡一体化；中心城市近郊村和城市开发同步推进；产业基础好的移民新村、迁村并点的中心村、规模较大的村庄，建成社区示范村；不宜居住的村庄以及弱小村、偏远村，实施整村搬迁，建设集中居住区；其他村庄要按照统筹城乡发展的要求，逐步提高基础设施和公共服务设施水平，加强村容村貌整治，不断改善居住环境。其次，周口市在基础设施条件较好、具有一定产业和人口规模的中心镇，发展小城市，将在重要城镇节点建立县域副中心，如鹿邑县的玄武镇、项城市秣陵镇、淮阳县四通镇、商水县谭庄镇、西华县逍遥镇和沈丘县老城等在不远的将来将会建立县域副中心，进一步形成辐射乡村地区城镇节点。最后，建设 10 个示范性乡镇，进一步带动周边乡村发展。小城镇是乡村地区城镇化的重点区域，其不仅在吸引乡村剩余劳动力方面具有重要作用，在促进乡村基础设施建设，加快城乡一体化进程，缩小城乡差异方面也具有重要作用。

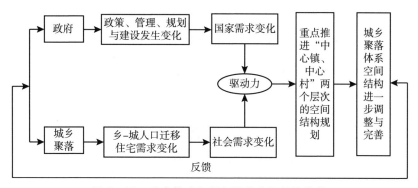

图 5 – 12 政府推动机制与聚落空间结构优化

资料来源：作者自绘。

三、聚落体系演化型式及动力机制

随着时间的推移，各种自然、人为或偶发因素可能会导致聚落体系发生改变。聚落体系改变的诱因（类型）有多种，周口市主要有三种演变型式：城镇化扩张型、新型社区建设型和重大工程搬迁型。

（一）聚落体系演变型式

1. 城镇化扩张型

在城镇化进程中，毗邻城镇的乡村不可避免地被卷入城镇体系之中，乡村被城镇侵蚀。部分乡村出现消亡，使原有的空间结构被打破，新的空间结构得以重新构建。在周（口）商（水）一体化过程中，中心城市一直向南发展，商水县城向北发展，二者之间原有的乡村被城镇侵蚀，由原来两个独立的空间，逐渐融合、重构为一个相对庞大的空间（见图 5–13）。在城镇化过程中，城镇化扩张型具有连续性和激烈性，促使聚落体系空间结构发生变化，同时，也是城镇体系对乡村体系施加影响的过程。

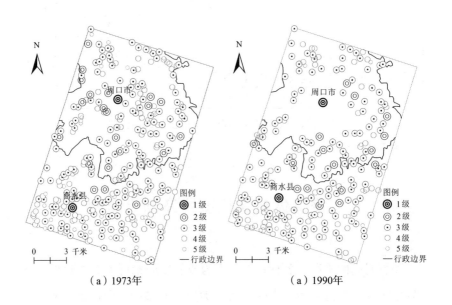

（a）1973年　　　　　　　　　　（a）1990年

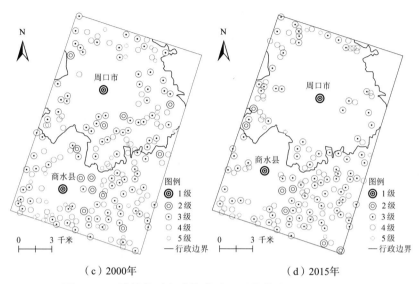

（c）2000年　　　　　　　　　（d）2015年

图5－13　城镇化过程中聚落消亡对聚落空间结构的影响

资料来源：作者自绘。底图来源于禄丰年、毛忠民．河南省地图册［M］．北京：中国地图出版社，2006.

2. 新型社区建设型

在新型社区建设过程中，地方政府主导的"美丽乡村"或"拆村并点"等工程，使部分规模小、基础设施落后的乡村通过搬迁、合并为新型社区，最终形成规模适中、布局合理、功能完备的新型社区，实现小乡村的再生与发展。在西华县龙池头社区中，当地政府将马庄、李庄、姚庄等几个小乡村合并为龙头池社区，使原有的乡村空间形成新的空间形式，龙池头成为新的中心地，而南凌村、肖横村和护当城则由原来的1级聚落变为2级或3级聚落（见图5－14）。新型社区建设过程中，一般是在政府主导下，合理布局乡村空间的过程。这种政府主导型下的乡村空间演变更符合规划原理，甚至接近克氏中心地中的六边形法则。

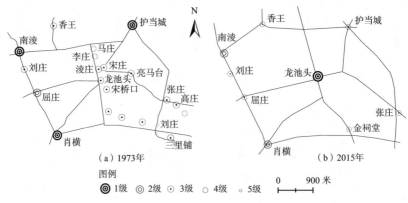

图 5 - 14　新型社区建设对聚落空间结构的影响

资料来源：作者自绘。底图来源于禄丰年、毛忠民．河南省地图册 [M]．北京：中国地图出版社，2006.

3. 重大工程搬迁型

重大工程建设将导致乡村搬迁，从而使乡村原有的空间结构打碎，重构乡村空间。重大工程对聚落体系空间结构的影响大多具有偶发性、强制性、区域性和短期性等特征，导致其空间结构具有一定的随意性，一般表现为空间结构范围的变大，其空间形态规律性不定。如在大广高速与周南高速交叉口，由于需要建立互通式立体交叉通道，周围的前吴村、刘庄和后梁庄整体搬迁，使得这一区域空间改变（见图 5 - 15）。由于这种空间演变具有偶发性，聚落迁入地只是规模的扩大，对其功能并无太大改变。

通过对周口市村落消亡对聚落空间结构影响分析，周口市村落的消亡主要是城镇化和政府行为所引起的。在城镇化过程中，城镇内力（人口因素、经济因素）使城镇向外部扩展，导致村落不断消失，城镇聚落空间结构不断变大，这种空间结构随经济或人口等发展方向而扩展。新型社区建设和重大工程所引起的村落消亡均有政府

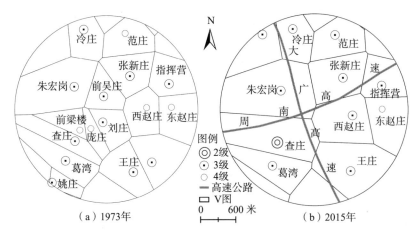

图 5 – 15　重大工程建设对聚落空间结构的影响

资料来源：作者自绘。底图来源于禄丰年、毛忠民．河南省地图册［M］．北京：中国地图出版社，2006.

行为或政府支持（企业）。政府行为是这类村落消亡的重要推动力量，前者从规划角度引导村落空间结构的合理布局，后者对村落空间布局具有一定的随意性，其导致的空间结构与前者截然不同。

（二）聚落体系演变型式的机制

聚落体系空间演变型式本质是城乡要素（如人口、土地和资金）流动在空间和社会经济维度上的表现，其动力主要是源于聚落体系内部与外部系统的相互作用，重新塑造城乡社会经济结构（见图 5 – 16）。在聚落体系内当地居民和集体的行为态度是聚落体系空间演变的内源动力，决定了聚落体系空间演变的成败；而聚落体系外部的行政力量（政府）和市场力量（企业）是聚落体系空间演变的外部动力，其引导着聚落体系空间演变的方向。

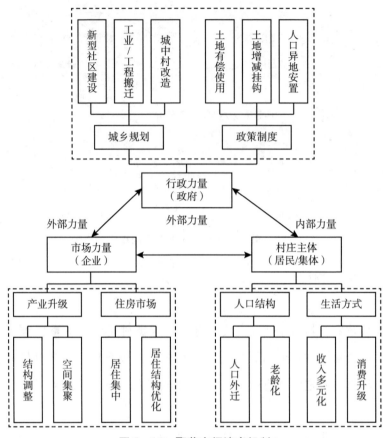

图 5 - 16　聚落空间演变机制

资料来源：作者自绘。

　　在城镇化过程中，行政力量主要是政府通过编制城乡规划，建设周（口）商（水）经济开发区，以改变周口市中心城区面积有限的问题；同时，周口市主要工业搬迁至周商经济开发区，升级相关产业以实现集聚效益与规模效应；大量劳动力向此集聚促进住房市场发展和住房市场分层机制建立。通过土地有偿使用制度、土地增减挂钩和人口异地安置等政策，保障乡村居民权益以获得乡村居民

（集体）理解，推动城乡空间集中。行政力量和市场力量促使城镇向外扩展，聚落空间演变，而乡村地域在这个过程中处于被动地位。城镇通过空间邻近效应，将城镇空间由近及远，逐步推进，将乡村地域转变为城镇地域，农业活动转变为非农业活动，乡村景观转变为城镇景观，农业用地转变为非农业农地。

新型社区建设是在国家城乡建设用地增减挂钩政策诱导下，通过集体建设用地产权转移与交易，拆旧建新的集中社区（项闯等，2017），旨在规划视角下引导乡村空间结构合理化。新型社区建设是通过"村民、集体（企业）与政府"三方共建机制推动乡村集中，实现乡村地域人口、土地和空间的再配置。政府通过新型社区规划，在多方资金支持下（村民—集体—政府或村民—企业—政府），通过利益分享机制（村民—集体—政府或村民—企业—政府三方共享），整合乡村土地、人口和产业等区域空间资源要素，释放乡村资源禀赋（土地—人口）红利，以完善基础设施和公共服务，改善乡村居住条件；新型社区建设通过实现乡村农业空间、社会空间和居住空间重组和优化，使其具有城镇雏形（佟伟铭、张平宇，2016）。

重大工程搬迁型演变多源于政府行为或政府支持，一旦项目确定实施，政府政策和行为就成为乡村空间演变的最直接、最显著动力，其带有一定的偶然性、区域性与短期性，在空间布局上具有一定的随意性（安乾等，2014）。以政府政策引导机制为主，征询乡村居民意愿，通过经济补偿机制，提高乡村居民土地及各项资产的补偿标准促使乡村搬迁，如发放搬迁补偿款，保留原有耕地或置换新的宅基地等；或者由企业经济或就业补偿等方式引导乡村居民搬迁，以使得乡村空间结构发生演变。

本章小结与讨论

城镇化是中国社会经济发展的必然趋势，当前中国几千年来形成的传统聚落空间结构面临着转型与重构。在城镇化过程中，中国聚落体系的空间结构演变是当前地理学重点关注的问题。本章以传统农区周口市聚落体系的空间结构为研究对象，利用城乡斑块面积和相关社会经济指标的变化，探讨了聚落体系的空间结构演变规律与作用机制，研究成果对促进聚落体系良性演变、城乡关系和谐发展、乡村振兴战略实施等具有重要借鉴意义。研究发现：

第一，聚落体系的空间结构由四边形、五边形或六边形等相结合而构成；随着时间的推移，聚落体系空间结构辐射范围逐渐增大。聚落体系的空间结构随着社会经济发展不断重构与演化，说明了中心地理论在当今社会经济中的发展与变化。周口市聚落体系空间结构基本符合克氏中心地交通原则。高等级聚落的交通网络通达性最好，低等级聚落的交通网络通达性最差。高等级交通路网向高级中心地集聚，以便发挥交通集聚效应；低等级交通路网虽具有一定的交通指向性，但由于其规模小，达不到相应的交通集聚效应。

第二，周口市聚落体系的空间结构演变经历了低端均衡结构（1973年）—点轴结构（1990年）—中心外围结构（2000年）—圈层结构（2015年）的演变，不同结构下的聚落体系空间结构、城乡关系均有所差异。低端均衡结构下，城镇主要集中在"三纵三横"的县道上，城镇空间结构呈现"3—3—3"均衡发展的"田"字结构，而乡村体系呈散布状态；点轴结构下，城市人口和建成区面积扩张指数增大，逐渐成为区域的增长极，乡村体系作为点轴系统的一部分，发展受到城镇的影响；中心外围结构下，中心城市开始极化，并呈现出"1—3—5"的雁形阵结构，乡村逐渐演变成为区域发展中的外围；圈层结构下，聚落体系呈现出一核两带、圈层结构发展，城乡处于相对良好的互动发展阶段。这四种结构依次影响周口市聚落体系的空间结构，每种结构对城乡要素流动的方向和作用各不相同，从而使聚落体系的空间结构各不相同。

第三，周口市聚落体系空间结构的演变受多重因素的共同影响。交通导向机制是影响聚落体系空间结构演变的早期主导因素，促进城镇空间结构不断拓展，并带动乡村空间结构不断更迭；特色产业机制是影响聚落体系空间结构演变的新机制，助推聚落体系空间结构进一步完善；政府作用机制有效地引导聚落体系的空间拓展方向，推动聚落空间格局结构性地演变。

第四，城镇化扩张型、新型社区建设型和重大工程搬迁型可能会导致聚落体系改变。聚落体系内部与外部因素相互作用重塑城乡社会经济结构。当地居民和集体的行为态度是聚落体系空间演变的内源动力，决定了聚落体系空间演变的成败；而政府和企业行为是聚落体系空间演变的外源动力，其引导并助推着聚落体系空间演变的方向。城镇化扩张型是城镇体系作用于乡村体系，其演变具有空间邻近效应。新型社区建设型是"村民、集体（企业）和政府"三方共建机制推动乡村重构，以实现乡村经济、社会和空间重组。重大工程搬迁型多由政府行为或政府支持，通过引导机制、补偿机制、置换机制，促使乡村空间重组。

传统农区与发达区域的聚落体系空间结构的演变不同。发达区域空间结构多呈现"多中心＋网络"的综合演变趋势，且影响因素向物质流、信息流等流动空间转变。而传统农区聚落体系的空间结构主要呈现"中心外围"或"圈层模式"这种发达区域早期的发展模式，传统农区聚落体系的空间结构演变主要取决于交通、产业和政府作用机制这些传统要素。这与当前传统农区所处的发展阶段不无关系，传统农区多处于工业化初期阶段，工业多以传统涉农加工产业为主，区内缺乏高加工度的制造业，区域带动能力不足，影响边缘聚落发展，致使区域发展陷入"低水平的发展"怪圈。当前，传统农区多数处于城镇化和工业化的初期阶段，亟须以城镇化和工业化带动经济发展。传统农区聚落体系的空间结构具有一定的历史延续性，其作用机制仍将以政府作用机制引导下，沿交通轴线发展和产业推动发展。

因此，正确认识城镇化过程中聚落体系的空间结构及其在区域发展中所处的阶段，同时认清聚落体系空间结构的作用机制，可为区域聚落发展提供科学依据，并据此适时采取相应的发展措施。目前，周口市聚落体系的空间结构为中心极化的圈层结构。在未来发展中，应在政府作用机制下，以交通通道建设所形成的"廊道效应"和特色产业所形成的"比较优势"为核心，不断优化周口市聚落体系的空间结构，逐渐使其趋于合理，最终使周口市聚落体系形成大小不同、功能有别的新型聚落体系。

与东部、西部地区聚落体系的空间结构演变不同，传统农区聚落体系空间结构演变主要取决于交通、产业和政府等因素。传统农区由于处于工业化初期阶段，区域内经济带动能力较弱，而其行政力量较为强大，在聚落体系空间格局演变过程中产生结构性的改变。因此，根据聚落体系空间结构的发展提出相关建议：（1）构建不同类型的聚落体系。城乡发展应结合本地社会经济、资源禀赋和产业发展等，因地制宜、合理规划，形成不同类型、功能各异的聚落体系。（2）调整优化聚落体系的等级结构。区域内应形成建制镇—中心集镇——一般集镇—中心村—自然村 5 个体系，逐步建立规模不等、功能不同的聚落体系，有序引导聚落等级体系发展。（3）培养特色村镇，发挥区域资源禀赋优势。在城乡发展中，应与特色小镇结合，以带动乡村发展；同时政府要发挥引导作用，构建区域核心产业，发展资源禀赋优势，以产业带动与支撑区域聚落体系空间结构合理演变。

第六章

典型聚落规模等级
与空间功能演变

　　乡村功能是指乡村为满足乡村居民各种需求所提供的各类服务的总和，涉及社会、经济、文化、生态等多方面（谭雪兰等，2017）。近年来，随着中国城镇化的快速推进，尤其是工业化、信息化进程的加快，国内生产资源和要素在市场经济条件下不断优化与重组。广大乡村地区社会经济形态和空间的演变及其对乡村可持续发展带来一系列的影响，亟须地方行为主体对这些变化和调整做出适时的响应，以实现乡村功能重构（龙花楼、屠爽爽，2017）。然而，乡村功能演变是一个复杂的社会经济现象，并不是环境变化与行为主体之间简单的线性、单向、因果关系，而是各种要素、力量之间相互作用的结果（Mabogunje A L，2010），涉及一系列组织、制度变化与调整。受乡村地域系统内部要素和外部要素的交叉作用，不同空间尺度、不同地域类型和不同社会经济发展水平下乡村功能演变方式、演变机制以及演变阶段迥异。传统农区农业基础雄厚，经济基础薄弱，工业化和城镇化发展严重滞后，远离区域发展轴线，经济地位边缘化，政府行政组织力量过于强大，乡村功能未达到有效的自组织临界状态，从而使乡村功能优化格局相差甚远。因此，本书对厘清传统农区乡村功能演变规律具有重要的理论意义；同时，这些问题的解决将对新时期中国乡村功能重构和乡村振兴具有重要的实践价值和政策意义。

乡村功能演变研究是乡村地理学研究的核心问题之一。国外对乡村功能的研究起步较早且较为系统，其研究内容与深度不断丰富与完善（谭雪兰等，2017）。在 20 世纪 50 年代，杜蒙特（Dumont，1958）对乡村经济的类型进行划分。70 年代后，伴随着西方国家乡村性质或功能的改变，西方乡村传统的生产功能被乡村的消费、后生产性功能取代（王萍，2015）。一部分社会学家从生产—消费关系、社会关系与社会行动，制度与权力的社会性等方面研究乡村功能的内涵（Marsden T，1996）。另一部分社会学家则从经济变迁（Appendini K，2014）、社会文化重组（Prothmann S，2017）和国家角色（Saraceno E，2013）的再定位等更为宏观视角解释乡村功能演变的内涵，认为这些因素通过"自上而下"的变革导致乡村功能的演变。而中国乡村功能演变是在当前社会化大生产背景下乡村社会呈现内在性质的变化，因此，中国部分社会学家认为土地流转、乡村治理和社会网络等是当前乡村功能演变的基础，以上这些视角的研究最终落脚于打破制度障碍，对户籍制度、土地制度、公共服务配套等进行相应的改革，最终使农民获得与市民相同的社会权利（罗小龙、许骁，2015）。中外学者围绕乡村功能的内涵与分类、驱动规律和作用关系等方面开展了大量的研究，并取得丰富的研究成果。但在这些研究成果中缺乏对不同类型乡村功能演变的研究，尤其是对传统农区乡村功能演变的研究。因此，本书采用典型案例调研法、空间分析方法和图谱法，剖析传统农区乡村功能演变特征，以期为国家城镇化战略和乡村振兴战略提供理论支撑。

一、案例选取依据

乡村由于其形成与作用机制不同，其发展类型具有多样化。而传统农区乡村发展多处于工业化、农业现代化和新型社区三个阶段。作为传统农区的典型代表，西华县处于工业化初期阶段，工业结构以涉农加工业为主导，部分乡村地域工业生产总值占全村 GDP 的比重超过 60%，形成了一条先工业化再市场化的道路；西华县又是全国重要商品粮生产基地，农业基础雄厚，近些年西华县积极探索新型农业生产模式，形成了委托代种、承租返包、股份合作和土地银行等多种土地经营流转模式。专业大户、家庭农场、农民合作社、农业合作社等新型农业经营主体不断涌现。与此同时，西华县城镇化现象突出，常年务工人员高达 24.3 万人，约占全县人口的 26.4%，部分乡村地域由于乡村人口的外迁形成了"空心村"，乡村地域亟须整合与调整，为此西华县积极探索新的乡村居住模式——新型社区，形成乡村发展过程中的"西华现象"。因此，本书根据西华县乡村发展不同阶段特征，分别选取工业型、农业现代化型和新型社区 3 种类型乡村作为案例研究区域进行典型聚落的研究。

二、典型聚落规模等级演变特征

（一）工业型聚落规模等级演变

红花集镇、聂堆镇、黄土桥乡等乡镇，形成了以西华为中心的工业城镇体系。在典型聚落规模中，除中心城市规模较大以外，其他典型聚落规模普遍偏小（见图 6-1）。从典型乡村聚落斑块规模的统计特征看，斑块面积的频率分布均是偏态的，数据背离中心性。从时间上看，各典型聚落的斑块面积逐渐增加，中心城市斑块面积增加最快。城市土地利用面积的增加与经济具有密切关系，一般情况下，城市经济发展越好，城市土地利用面积增加的速度越快。应从城市经济学的角度，解释中心城市等级规模变化较快的原因。中心城市具有便利的交通优势、各种专业的技术劳动力，大中小企业常集聚于此，易形成规模效应。而小城镇交通区位一般，劳动力者技能较低，且小城镇分散，市场较小，不易形成规模效应。在访谈中，多数乡镇负责人坦言，"之前发展较好的乡镇企业，近年来也纷纷迁入西华县城（中心城市）。""乡镇企业的外迁除了中心城市的特殊的政策优势以外，企业当前最看中的是市场规模和交通区位，而这些是咱（小城镇）当前普遍无法满足他们（乡镇企业）的。"乡镇企业的外迁，为小城镇带来继发效应，小城镇无法吸引更多剩余劳动力，小城镇发展变得相对缓慢。虽然近年来，中心城市考虑到小城镇就地转移农村剩余劳动力，而采用分厂或者分流程①的办法解决农村剩余劳动力，但对于广大的乡村地区来说，依然是杯水车薪，乡村地区的小城镇发展依然相对缓慢。

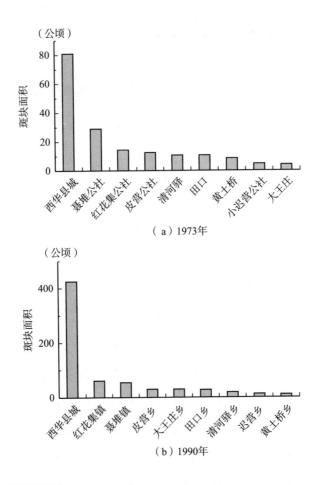

（a）1973年

（b）1990年

---

① 部分劳动密集型企业充分利用广大乡村廉价剩余劳动力，在部分乡镇设置分厂，充分吸引乡镇周边的剩余劳动力。在分厂主要生产某一器件或者部件，然后再通过交通运输到中心城市进行组装。既解决了企业用工问题和成本问题，又解决了部分乡村农村剩余劳动力问题。

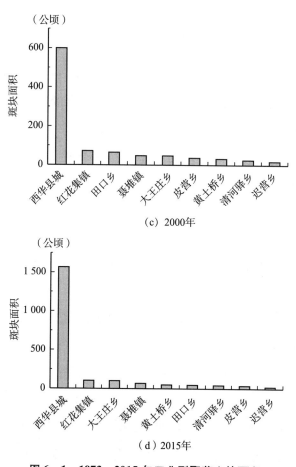

（c）2000年

（d）2015年

图 6–1 1973～2015 年工业型聚落斑块面积

资料来源：根据遥感影像解译数据统计。

在行政等级结构演变中，1973 年，西华县城周边的行政中心只有红花集公社、聂堆公社、皮营公社和小迟营公社等；大王庄、黄土桥、田口和清河驿只是西华县城周边的中心村或自然村，还不具有行政管理职能。随着行政管理层级的细化，西华县在 20 世纪 90 年代左右重新调整了乡镇级的管辖范围，大王庄、黄土桥、田口和清河驿等村落成为行政乡镇行政中心。这些新调整的行政中心在自然区位上具有一定优势，如黄土桥乡，位于颍河和省道329交汇处，其水路可下通江淮，陆路上通漯河市、下通周口市。2000年以后，尤其是近年来，随着西华县城经济的飞速发展，部分乡镇企业外迁至县城省级经济开发区，乡镇的行政管理权力逐渐被压缩，在经济空间上成为西华县城的空间腹地，其可流动要素（资本和劳动力）逐渐流向西华县城或者比其更高一级的中心地。

（二）农业现代化型聚落体系规模等级演变

农业现代化型聚落体系的乡村聚落规模等级普遍偏小。从来洼、薛楼、徐那等聚落的斑块面积统计特征看（见图6-2），聚落斑块面积的频率分布具有偏态性。从时间上看，农业现代化型聚落体系中的聚落规模等级变化不大。从乡村聚落斑块面积的规模看，聚落在20世纪90年代面积增加最快，2000年和2015年左右增加相对较为缓慢。据当地的村主任或村支书介绍，在20世纪70年代建房较少，家庭住房面积较小；20世纪90年代，由于农村经济的发展，农村适婚男孩的增多以及"家庭分家"（小型化）导致乡村聚落斑块面积迅速增大；2000年以后，由于国家对农村宅基地审批严格，加之农村计划生育的实施，每户基本上只有一个男孩（人口少），农户翻新住房基本上都是在原址上修建，所以2000年以后聚落变化不是很大。这一结论与第四章聚落规模变化，所分析的宏观因素基本一致。

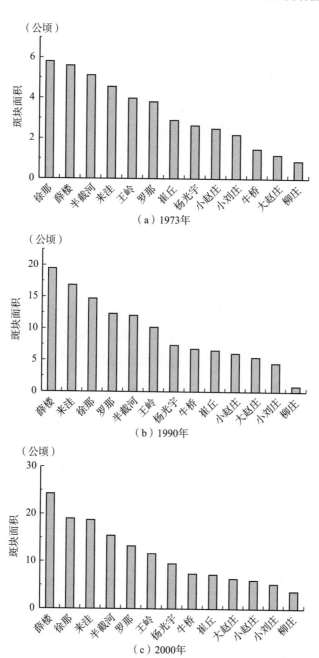

（a）1973年

（b）1990年

（c）2000年

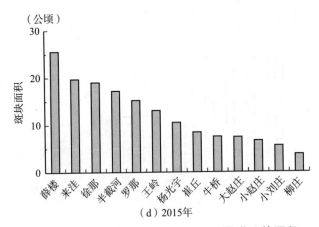

图 6 – 2   1973 ~ 2015 年农业现代化型聚落斑块面积

资料来源：根据遥感影像解译数据统计。

从行政等级看，农业现代化聚落体系行政等级基本未变化（见表 6 – 1）。从 20 世纪 70 年代起始，来洼、大赵庄、薛楼、徐那、半截河和薛楼即是行政村，一直延续到现在。乡村聚落的行政等级是属于最低级行政层级，具有一定的稳定性。乡村聚落的行政等级一般从属于乡镇，只有乡镇一级的行政等级发生调整，如行政边界调整，才会影响处于边界的乡村聚落的行政等级从属；或者由于聚落发生调整，如"拆村并点"，才会发生村级行政级别的变化。

表 6 – 1   农业现代化型聚落体系行政村情况

行政村	自然村
来洼	来洼、崔邱
大赵庄	大赵庄、罗那、小赵庄、刘庄
薛楼	薛楼、杨光宇
半截河	半截河、牛桥、柳庄
徐那	徐那、王岭

资料来源：作者调研获得。

（三）新型社区聚落规模等级演变

新型社区中的乡村聚落规模等级与农业现代化中的乡村聚落规模等级的演变基本一致，但新型社区中的乡村聚落规模较大。在 1973 年基本上以 5 级聚落为主，之后一直保持在 3 级或 4 级聚落为主。从规模上看，新型社区中的乡村聚落斑块面积偏小（见图 6 - 3）。新型社区中的聚落斑块面积平均保持在 5 ~ 7 公顷。从时间上看，聚落斑块面积持续增加，在 20 世纪 90 年代增加最快。2011 年龙池头行政村将 11 个自然村合并，形成一个新的龙池头社区。龙池头社区包括幼儿园、小学、商业街以及社区诊所等。龙池头社区的规模等级提高，由原来的一个独立的行政村，形成周边地区的中心地。龙池头社区建成后，其行政等级虽然没有变化，但其管理效率得到提高，功能有所提升。新型社区中的乡村聚落规模的演变因素与农业现代化中的乡村聚落规模演变因素基本一致，但新型社区的演变中政府作用力量较多。政府自上而下推动新型社区建设是其规模等级演变的重要因素。

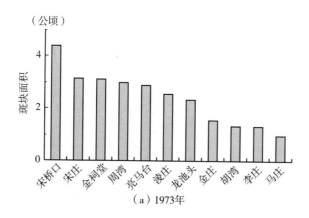

（a）1973年

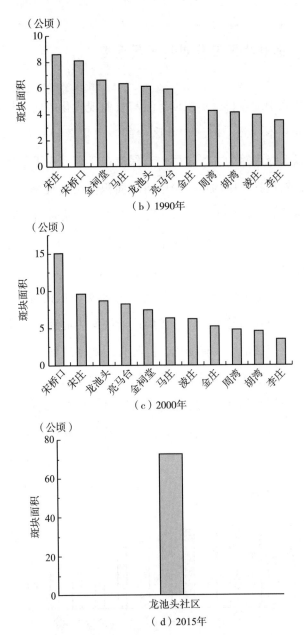

图 6 - 3　1973～2015 年新型社区聚落体系斑块面积

资料来源：根据遥感影像解译数据统计。

三、典型村落乡村功能演变特征

（一）工业型乡村功能演变

工业型乡村主要是以工业为主导类型的乡村，工业生产总值占GDP的比重超过60%，通过乡镇企业，走出一条先工业化、再市场化的发展路径，使西华县部分乡村地域率先发展起来。这些地域一般位于资源禀赋、区位条件和环境政策相对较好的地域，且这些地域的乡村劳动力多集中在工厂就业，快速工业化进程使这一地域大量农业用地转化为工业工地，乡村发展表现出强烈的工业化特征（张荣天等，2014）。

1. 乡村人口由"大分散，小集中"向更为集聚的城镇集聚

随着工业化进程的发展，越来越多的农民工逐渐从孤立分散的点转移到城镇工厂。根据调查，发现中心城市63.1%的企业工人来自周边的乡村聚落（见图6-4），小城镇89.2%的工人来自其周边的乡村聚落。人口向中心城市和小城镇集聚，实际上是城镇工业吸引人口集聚的结果。中心城市和小城镇与农村、农民和农业的联系更为直接、更为紧密。若没有工业的发展，对于传统平原农区的城镇来说，其吸纳乡村剩余劳动力的能力是极其有限的。乡村人口向城镇转移、农民工的"两栖性"，使乡村成为"窝巢村"，乡村原有的居住功能已基本消失。

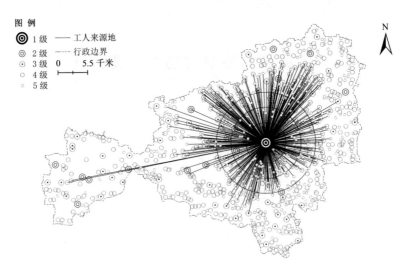

图 6 - 4　中心城镇工人来源地

资料来源：作者自绘。底图来源于禄丰年、毛忠民．河南省地图册［M］．北京：中国地图出版社，2006.

2. 经济活动由传统农业向兼业化发展

由于城镇的非农收益高于农业收入，使得乡村人口尤其是年轻劳动力逐渐脱离土地转向城镇工厂。据调查，常年务工的农村劳动力均是 60 岁以下的青壮年，40 岁以上外出务工的农村劳动力基本上常年脱离农业生产劳动，45 岁以上的农村劳动力一般选择离家较近的城市如郑州等地打工。10% 左右的常年务工的劳动力把土地流转出去，70% 左右的农户交给 60 岁以上的老人管理，20% 左右的农户农忙时回来。现在从事农业生产的基本是年龄较大的老人，青壮年已经基本摆脱对农业生产的依赖，农业生产已成为工业化进程中的副业、兼业现象。乡村原有的农业生产功能逐渐受到挑战。

3. 改变城乡经济联系的方向

传统的城乡二元经济下，农村和城市出现巨大的剪刀差，农村的生产剩余被城市无偿或者低价占有，农村剩余经济流向城镇。国家"工业反哺农业，城市支持农村"等政策的出台，为城乡经济互动提供了可能。西华县首先通过政策引导把部分简单、易学的工业程序下沉到乡镇或者中心村，其次由乡镇或者中心村组织部分农民进行工业生产，再次通过交通网络把半成品运输到中心城市进行组装，最后产品通过中心城市发往全国各地销售。乡村劳动力在中心乡镇企业创造的剩余价值，一部分剩余价值流向城镇，另一部分支持乡村发展。

4. 部分农民身份演变为"工厂工人"

随着工业化和城镇化进程的推进，中国城乡二元结构已开始松动，城乡人口已出现大规模的流动现象，主要是乡村剩余劳动力向城镇工厂流动。据调查，常年在城镇务工人员占样本总数的31.5%左右，这些常年外出务工人员，已经完全脱离农业生产，他们中部分已经在城镇安家落户，完全融入城镇文明之中，他们平时工作在城镇工厂，其身份已由农民演变成为"工厂工人"。在西华县中小城镇企业之中，其员工多来自周边的乡村，他们在农闲时在乡镇企业打工或者在城镇做零工赚钱，这部分人在身份上依然是农民，但其平时已俨然成为"半个城镇人"。

（二）农业现代化型乡村功能演变

当前快速工业化进程和城镇化进程，使大量乡村剩余劳动力转移至城镇二三产业，从事第一产业的乡村劳动力多以年龄大、文化程度低的劳动力为主，农业生产中新技术和新产品推广难，农业增收困难，农业被部分农民当成副业，甚至出现"撂荒"现象。为此，西华县政府通过政策引导，推行适度的土地规模流转、鼓励种粮大户、家庭农场、订单农业等现代化生产模式、培育适宜乡村发展的职业农民。下面从西华县西华营镇来洼村、薛楼村等几个农业现代化乡村，探讨农业现代化的发展对乡村功能的影响。其主要表现在以下几个方面：

1. 传统的农业生产功能演变为非粮化

传统乡村农业生产活动主要以种植粮食作物为主，而种植粮食作物的收益相对有限。农业生产纯收益在时间序列上虽然有增长（见表6-2），但是扣除价格等因素外，每亩耕地纯收益基本上增加不多，尤其是与非农收入相比，种粮收入基本可以忽略不计。随着乡村剩余劳动力转移至城镇二三产业，农村耕地逐渐成为"鸡肋"。因此，地方政府通常引导农户通过土地流转进行规模化、现代化农业生产经营。但这些流转的土地，均从事收益性较高的非粮化生产。如西华营镇政府与贵州茅台集团签订供应红高粱协议，由贵州茅台集团提供种子、技术，西华营镇政府负责组织农户在来洼、薛楼、常武营等村连片种植433公顷红高粱；在半截河、林楼等村流转1 400多亩土地建立风景苗木基地等。

表6-2　　　　　　　1980～2017年农村耕地纯收益情况　　　　　　单位：元

年份	每公顷耕地纯收益情况
1980	2 250
1990	3 000～6 000
2000	9 000～12 000
2017	15 000

资料来源：根据调研数据获得。

2. 传统乡村自然经济演变成市场经济

20 世纪 70 年代，中国的农业生产活动主要建立在自给自足、自我循环的基础之上。乡村经济的基本规律是生产、流通、分配和消费的过程，交换积累的过程较少（张小林，1999）。同时，乡村土地被无限地分割与固定①，无法进入流通生产领域。当前，土地作为生产要素进行资源配置，通过政府适当引导，乡村土地从之前的"小而散"，演变成规模化、连片化的现代农业生产基地。乡村的农业生产已由原来不依赖市场价格，演变为越来越依赖于市场价格，农民希望产品收成出现市场出清。农业生产的产品作为"工业原料"重新进入工业生产领域。西华营镇所生产的红高粱，以酿酒原料销售给贵州茅台集团，这也是乡村嵌入市场经济的过程。农业生产具有商品性质，乡村已由原来的居住生产功能演变成"经营性"乡村。

3. 部分农民身份演变为"农场工人"

农民分工分业是农业现代化进程的必然趋势（米松华等，2014）。其对土地流出方——部分农民身份的影响较大。由于多数农民通过城镇化成为企业工人，剩余的部分农民则被土地承包者返聘，继续留在农田中从事农业生产活动，本研究把这部分农民称为"农场工人"或"职业农民"。如西华营镇前楼行政村流转 66.7 公顷土地，由农业合作社进行开发有机生态胡萝卜。农业合作社聘请部分村内种田能手 200 多人，签订合同，每人按月领取工资报酬。这实质上是农民身份的转变，即农民转变为"农场工人"或"职业

---

① 20 世纪 70 年代末，中国农村土地实行的是以家庭联产承保责任制为基础的土地政策，农村土地属于集体所有制，农民只有承包权和经营权，土地不允许私有和在市场上交易。当前中国农村土地政策依然是实行是以家庭联产承责任制为基础的土地政策，但中国政府正在积极探索农村土地所有权问题，已允许部分农民实行土地流转，规模化经营；部分地区已实行农村土地经营权集体挂牌拍卖。

农民"。随着社会生产力的发展，职业农民成为一种新兴职业。当前西华营镇出现的"农场工人"或"职业农民"只是一种简单分工分业现象，未来职业农民不会仅仅局限于种植业内的职业化，也会出现农业流通运输中的职业化、农业储存和销售的职业化、农业产品加工职业化等各种新型职业农民。

4. 农业生产组织半径扩大

传统的农业生产是以乡村为中心，以一定耕作距离为半径的圆。如图 6-5 所示，圆 A、B 和 C 分别是以 R1、R2 和 R3 为半径所形成的乡村经济圈。而随着乡村土地流转，乡村土地规模化和连片化已成为可能，传统乡村经济圈被打破，形成新的农业生产空间。由于农业现代化的发展，乡村耕作半径已有原来的 R1、R2、R3 演变为 R4，即农业耕作半径扩大。西华营镇来洼、薛楼和常武营等村所形成的 433 公顷现代化红高粱生产基地，将原来以各村为中心点的耕作半径增大到 1 174.5 米[①]。根据访谈发现，以前村庄的耕作半径在 280～600 米，现在的耕作半径是原来的 2～5 倍；之前耕作出行方式主要以步行为主，现在农户耕作出行方式以电动车或者摩托车为主，在花费时间不变的情况下，显然耕作半径会增加 500～900 米。与其他学者的研究相比，也可以从侧面发现当前农业现代化后，农业生产空间扩大。如金其铭认为 19 世纪八九十年代江南平原的耕作半径为 200～300 米（转引自张小林，1999），而陕南山地的理论耕作半径为 400～500 米（李瑛、陈宗兴，1994）。虽然其他学者的研究区域或者时间与本研究不同，但随着农业规模化和连片化经营后，其耕作

---

① 这里将 433 公顷耕地简化为一个规整的圆，根据 $R = \sqrt{\dfrac{S}{\pi}}$ 计算其耕作半径。

半径变大是必然趋势，农业生产空间必定会增加。

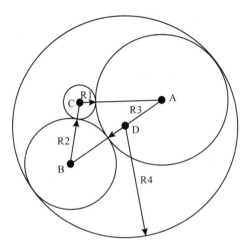

图 6 – 5 农业生产组织空间演变示意

资料来源：作者自绘。

（三）新型社区乡村功能演变

新型社区实质是城镇化背景下新的城乡关系的重构，其采用"路径破坏式"的发展模式重构传统乡村空间结构。新型社区是中国城镇化进程中大中小城市与小城镇协调发展的策略，是实施就地城镇化的重要载体。新型社区既要推动农民分工分业，把更多的乡村剩余劳动力转移到二三产业，让更多的乡村人口进入城镇安居乐业，又要把传统农业改造成现代农业，把传统村落改造成乡村新区（陈鹏，2010）。它既是城镇化和工业进程中乡村发展的必然趋势，又是现代农业发展的必然要求。现代农业一个最重要的特征即是规模化，而当前传统乡村的耕作方式是"小而散，小而全"，不利于现代化农业发展。传统乡村就地城镇化，将剩余劳动力转移到其他产业，有利于现代农业规模化发展。下面以西华县红花集镇龙池头社区为例，探讨新型社区的发展对传统的乡村功能的影响。其主要表现在以下几个方面：

1. 与传统乡村相比，新型社区功能多样化

传统乡村的主要功能是居住和农业生产，农民的生产和生活具有一定的规律性：日出而作，日落而息。新型社区打破了传统的乡村固化的功能，将更多只有在城镇才能享受的城镇文明带到乡村。龙池头社区以前是一个有 11 个自然村组成的行政村，除在基层行政管理上具有联系以外，村与村之间联系较少，村内的基本功能为居住和生产；而在龙池头行政村成为新型社区后，其功能发生巨大的变化（见表 6-3）。龙池头社区与城镇的基本功能相差不大，龙池头社区新建 1 所幼儿园、1 所小学，满足了社区居民子女的基础教育问题。在社区消费方面，建立购物超市，解决了"买个油盐酱醋跑几里路"的状况，满足农民的基本生活需求。同时，又建立社区医院，农民不出门也能享受基层医疗服务；为丰富社区居民的业余文化生活，龙池头又建立文化广场。

表 6-3　　　　　　　　　新型社区功能演变

项目	传统乡村主要功能	新型社区主要功能
乡村功能变化	居住 农业生产	居住 多样化生产 教育 购物 娱乐 医疗

资料来源：根据调研数据获得。

2. 丧失农业生产功能

新型社区是对乡村及其周边资源、技术、资本、劳动力、政策等基本生产要素实现优化配置、高效利用的一种形式（何龙娟等，2013）。新型社区中大部分居民已完全脱离农业生产活动，进入城镇二三产业从事新的职业。农民脱离农业生产活动，摆脱对土地资源的依赖，为农村地区土地资源进行优化配置、高效利用提供了可能性。农业生产规模化和现代化是乡村土地资源优化配置的首选。新型社区通过土地集体流转或者托管的形式，每年按照约定取得一定的地租或者红利，既解决了部分土地"抛荒"现象，又有利于社区居民进入城镇从事其他产业，分享城镇化的红利。龙池头社区与当地农业企业签订协议，以村内土地集体流转的形式进行流转，村内居民目前已摆脱对土地的依赖，基本脱离农业生产活动。

3. 乡村社会交往空间扩大

传统乡村由于地理空间上的分散性和经济上的自给性，乡村之间的交往常局限于特定的"熟人社会"，如图 6 - 6 所示，圆 A、B 和 C 是各乡村的社会交往空间，R1、R2 和 R3 是各乡村的交往半径。圆 A、B 和 C 两两相交，即形成乡村之间的"熟人社会"；圆 A、B 和 C 三者相交即为三个乡村之间的"熟人社会"。新型社区是具有一定的血缘、地缘和业缘关系的乡村人口群体在空间上的集聚（张军，2013）。由于新型社区居民在同一产业集聚区工作，享受同一个社区提供的公共服务，业缘和公共服务关系把新型社区内的居民更为紧密地联系在一起。新型社区居民的社会交往半径将会比之前扩大很多，如圆 D 作为新型社区的交往空间，其半径较圆 A、B 和 C 大很多。龙池头社区是由 11 个自然村形成的，社区内有公共的生活空间和服务，社区内的居民由之前的"陌生人"或"点头之交"，成为"互拉家常"的邻居。

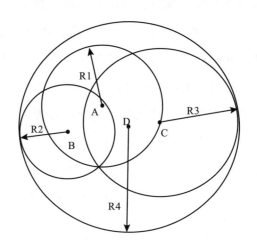

图 6 - 6　新型社区社会交往半径示意

资料来源：作者自绘。

4. 基层政府功能更新

　　基层政府和政治组织功能从管理为主转向服务和管理相结合。新型社区是城镇化中农民就地城镇化的一种形式，其实质是农民市民化。基层政府和政治组织应通过制度创新，为新型社区创造良好的环境，为社区居民提供良好的公共产品，促进农民自我发展，实现社会资本增长（陆益龙，2008）。龙池头社区政府为解决社区居民工作问题，先后与河南省工作帮扶队联合招商引资，在红花集镇引进彗星体育用品厂、秸秆碳化厂等企业，与这些企业签订协议，招工优先招龙池头社区居民，使群众在家门口实现就业，同时也带动了集体经济发展。龙池头社区基层政府从之前的简单管理模式逐渐向服务与管理相结合的模式转变。

5. 农村社会自治功能提高

新型社区居民自治功能提高。居民自治即在所谓的社区内重大事件决策上，居民享有知情权、监督权、投票表达意愿权等权力，居民可以广泛参与社区事务。居民自治可以激发居民生产的积极性，提高居民主人翁意识，培育现代化的新型农民，从而使他们自力更生，积极发展乡村事业。据龙池头社区党支部书记金华亭介绍，龙池头社区自从成立以来，居民参与村内事务的次数逐渐增多，每次重大事务均需要全体居民投票表决；为使社区居民合理表达意愿，社区设立意见箱和群众代表大会，定期解决居民的合理意见与诉求。

6. 农民"市民化"过程

传统观点认为农民市民化是城镇化进程中部分生活在乡村地域的农民进入城镇，由农民转变为城镇市民，最明显的标准是获得所在城镇的户籍及相应的社会权利（许抄军等，2015；张甜等，2017），即农民职业、户籍和地域转变的过程。现在学者多认为农民市民化不是让所有乡村人口都迁移到城镇，而是让所有人口无论居住在城镇还是在乡村，均能享受城镇现代文明的过程。由于中国乡村地域人口较多，在当前经济和社会发展水平下，不可能完全使乡村人口"进城"。而新型社区是城镇化过程中城镇的一种替代，较好地解决了农民成为市民的愿望，是制度上的一种创新。新型社区是目前使乡村地域农民享受城镇现代文明的较好途径。新型社区从之前的单一居住和农业生产功能转变为多元化。在龙池头社区中，社区居民从之前的因病致贫的落后乡村转变为现代新型社区，农民可以就近务工，享受基本的城镇医疗、子女基础教育、娱乐购物等公共服务。

四、乡村功能演变的基本动力及阶段规律

（一）工业化是推动乡村功能演变的基本动力

传统乡村功能演变的基本动力是工业化。工业化推动传统乡村劳动力分化，促使土地资源重新配置，发挥最大效益。工业化需要大量廉价劳动力，而乡村则集聚着丰富的劳动力，在各种推力与拉力的作用中，乡村大量剩余劳动力流向工厂。与此同时，由于城乡收入存在比较利益，"小而散"的农业生产无法发挥规模优势，使得进城的劳动力不得不放弃"故乡"的土地，选择将土地流转至部分种田能手，为乡村农业现代化提供了土地保障。随着乡村各种能人经济以及农业生产技术的推广，传统乡村逐渐向农业现代型乡村发展。乡—城人口的流动和土地流转，促使部分乡村居民工作区位和居住形式发生变化，逐渐由乡村向城镇郊区再向新型社区转变。

（二）内生能力是乡村功能演变中的根本动力

内生能力是乡村聚落自我发展能力，亦是乡村聚落功能演变的内因。内生能力包括乡村的资源禀赋状况、资源配置能力、区位条件和农户的企业家精神等。农村地区的资源禀赋状况直接影响着农村经济活动的类别、规模与效益。即一个区域所拥有的某种资源禀赋质量高、数量多，就有利于获得资源优势。农村资源配置能力的大小又决定了农村功能演变的方向。实现资源要素在城乡之间的良

性互动对聚落空间功能演变尤为重要。区位条件是农村地区经济活动与其他地区经济活动在地理要素空间约束下发生相互作用的机会和程度。如交通条件，农村区域处于交通轴线上，那么该区域与其他区域发生相互联系的可能性就较大。企业家精神对乡村聚落空间功能演变起着触发器的作用。具有企业家精神的农户会在政策变动、技术条件和市场区域状况中迅速捕捉有益的信息。企业家精神在适当的区位、文化和资源条件支持下，触发农户打破原有的生产经营路径，从事新的经济活动（朱纪广等，2013）。乡村聚落功能演变的内因由多个因素共同决定，不同地区及同一地区不同发展阶段下乡村聚落空间演变的决定因素也不尽相同，乡村聚落空间演变的决定因素可能是某一个或者两个主导因素所决定的，如在土地资源丰富的地区发展规模化的现代农业（来洼、薛楼等地），在劳动力和资金丰富的地区发展乡镇企业（西华县部分乡镇）等。

（三）乡村功能演变具有阶段性规律

发达国家的经验表明，乡村发展具有阶段性。在乡村转型早期，工业化促使乡村剩余劳动力向城镇转移，大量土地流向种田能手，为现代农业型乡村发展提供土地资源保障，同时，工业化的发展又为现代农业提供了工业基础；在乡村转型中期，现代农业主导型乡村进一步促进土地资源的集聚和乡村剩余劳动力的转移，乡村面临"空心化"，乡村居住空间亟须整治；乡村转型高级阶段，政府组织通过"宅基地置换""增减挂钩""农村住宅置换商品房"等政策，使"空心化"的乡村居住空间再集中，空间生产更加合理，从而形成新型社区。不同的发展阶段乡村功能演变的主导因素不同（见图6-7）。早期乡村处于封闭状态，随着乡村社会生产力的解放，部分具有区位优势、空间集聚优势和规模经济优势的乡村，在工业化与城镇化的引导作用下率先发展起来，形成以乡镇企业为主导的工业型乡村。大量乡村人口向工厂（城镇）集聚，乡村地域丰沛的土地资源通过流转等形式向种田能手集中。在国家政策支持下，通过现代工业装备农业、用现代科技改造农业、用现代管理方法管理农业，建立高产优质高效的现代农业生产体系，建成经济效益、社会效益和生态效益统一的农业现代型乡村。乡村人口的流动和土地流转加剧了城乡融合，同时也促进了乡村城镇化进程，把乡村剩余劳动力转移到二三产业，让乡村人口进入城镇安居乐业，把传统农业改造成现代农业，通过现代交通体系和服务体系的建立把传统乡村改造成新型社区。以上三种类型乡村功能的演变

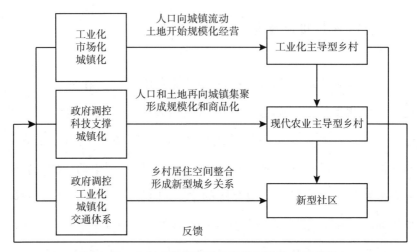

图6-7 乡村功能演变动力及发展阶段主导因素

资料来源：作者自绘。

因素均伴随着乡村空间自身适应外部环境而进行不断地更新反馈，进而不断地适应新阶段的变化。

本章小结与讨论

本章以典型聚落为案例区，通过问卷调查法、地理空间分析法和功能图谱展示法，揭示工业型乡村、农业现代化型乡村和新型社区三类典型乡村功能的演变，主要结果如下：

第一，不同类型聚落规模等级不同。工业聚落除中心城市规模较大以外，其他典型聚落规模普遍偏小；在行政管理等级上，乡镇行政权力逐渐被压缩；在经济空间上，乡镇成为中心城市的空间腹地。农业现代化聚落体系的乡村聚落规模等级普遍偏小，其行政等级基本未发生变化。与农业现代化体系中的乡村聚落相比，新型社区中的乡村聚落规模相对较大。新型社区的演变中政府作用力量较多，政府自上而下推动新型社区建设，是新型社区聚落规模等级演变的重要因素。

第二，工业型乡村功能演变主要表现在以下几个方面：（1）乡村人口由"大分散，小集中"向城镇集聚，部分乡村居住功能已基本消失。（2）经济活动由传统农业向兼业化发展，乡村原有的农业生产功能逐渐受到挑战。（3）乡村工业发展改变了城乡经济联系的方向，城乡经济互动逐渐频繁。（4）部分农民身份演变为"工厂工人"。农业现代化型乡村功能演变主要表现在以下几个方面：（1）传统农业生产功能演变为非粮化，部分农民身份演变为"农场工人"。（2）传统农村自然经济演变成市场经济。(3) 农业耕作半径变大，农业生产空间增加。新型社区功能演变主要表现在以下几个方面：(1) 新型社区功能多样化，农业生产功能丧失。(2) 乡村社会交往空间扩大。(3) 基层政府功能更新和农村社会自治功能提高。(4) 新型社区是农民"市民化"过程。

第三，工业化是传统乡村向工业主导型乡村、现代农业主导型乡村和新型社区演变的基本动力；内生能力是乡村功能演变的根本动力；乡村发展具有阶段性规律，不同发展阶段乡村功能演变的主导因素不同。

中国乡村的形成与发展具有其独特性，是长时期人地关系交互作用形成的结果。乡村演变是历史趋势，随着中国城镇化推进和乡村振兴战略的实施，乡—城人口迁移，一些乡村必然会出现转型与重构。因此，应当培育不同类型的乡村，注重协调不同类型乡村之间的关系，以期更好地满足人们居住需求和当地社会经济发展（李小建、杨慧敏，2017）。结合以上分析，本章认为工业型乡村未来可能向工业小镇或工业小区方向演变，依托现有优势产业，通过产城融合、工业发展，形成集工业、服务、商业和居住为一体的特色小镇，如诸暨袜艺小镇。农业现代化型乡村未来可能向旅游型乡村发展，通过游客的参与活动和体验活动来感知乡村和农业文化，最终使游客既能获得身体的放松和愉悦，又能丰富和提升精神文化。中国很多地方形成了特色农业基地，如河北承德围场、陕西杨凌农业技术示范区等，以大片生态粮田、绿色瓜果和高科技农业技术等吸引游客。新型社区未来可能向居住型乡村发展，中心城镇完善的交通体便于人们的工作、居住往返，同时，新型社区又具有生活成本优势和居住环境优势，吸引部分人在此居住。

第七章

传统平原农区聚落发展
趋势与调控机制

一、聚落等级发展趋势

（一）中心城市将不断强化

从城市经济学的角度看，城市是区域的经济中心。由于自我强化效应，城市吸引周边流动性生产要素（劳动力、资本）进入城市，使城市人口规模、经济规模和空间规模扩大。城市规模的增长进一步自我强化，吸引周边更多的可流动性生产要素。周口市的中心城市也是如此，不仅吸引周边的劳动力、资本、技术等生产要素，同时，与其他县级中心城市相比，中心城市获得了更多的发展机会，尤其是在工业布局和交通线路布局方面。根据周口市交通发展规划和周口市城市总体规划（2012~2020年），周口市将升级改造漯阜铁路，开通沙河航道，建设周口—漯河城际铁路；建设郑州—周口—合肥客运专线，周口—驻马店—南阳高速公路，周口—商丘城际铁路，周口—驻马店—南阳铁路（见图7-1）。交通线路的建设在一定程度上强化了周口中心城市的核心地位，中心城市的交通枢纽地位将进一步增强，极化效应凸显（郭荣朝等，2013）。根据周口市城市总体规划（2003~2020年），周口中心城市定位为

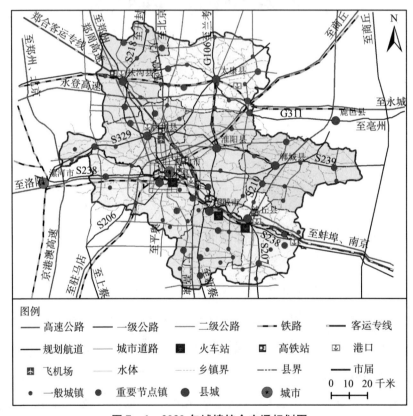

图7-1 2030年城镇综合交通规划图

注：①由于2011年鹿邑县成为省管县，此规划不包括鹿邑县，但在本章的分析中，依然按照之前的行政规划，即包括鹿邑县。②本图彩图见书末。
资料来源：周口市规划建筑勘探设计院。

豫东南中心城市，将会形成"一极两区三中心"，即：豫东南区域增长极，现代农业示范区、承接产业转移重点区，农产品精深加工产业中心、豫东南商贸物流产业中心、人力资源开发中心。

县级中心城市也将进一步强化，吸引周边的生产要素进入县级中心城市。虽然在强化强度上不及周口中心城市，但对于整个县域来说，其作用不可小觑。如在交通布局上，郑州—周口—合肥客运专线在扶沟南、西华南、项城北和沈丘北设站，将进一步加强县级中心的人员、物资、信息等的流动，从而提升这些县级中心城市的竞争力。在人口城镇化上，项城市将在"十四五"期间形成人口超过 50 万人的中等城市，郸城、鹿邑、淮阳、沈丘、太康等县发展成为 30 万人以上的中等城市。农村人口转移至这些县级中心城市，为其提供充足的劳动力。随着周口把项城、商水、淮阳作为中心城市重要组团，推动周商、周淮一体化，加之，周口东南部的宁洛铁路、宁洛高速等交通要道的修建，周口中心城市周边的淮阳、商水、项城等县级中心将成为豫东南经济隆起带。

（二）小城镇的作用将提高

小城镇是城乡连接的纽带，是中国城镇体系之尾，乡村发展之头，是农村和城市的边缘地带（吴康等，2009），其在城镇化进程中其起着"承上（较大城市）启下（广大乡村地区）"的枢纽作用。发展小城镇的目的在于转移农村剩余劳动力，完善并带动农村经济和社会的发展（许学强，1987；顾朝林，1995；于立，2013）。当前周口市具有建制镇 100 个左右，常住人口 120 万，其已经形成一定产业和人口规模。在周口市未来的规划中，小城镇的作用将进一步提高。根据周口市 2030 年城市规划，周口市未来将把基础设施条件较好、具有一定产业和人口规模的中心镇，发展成小城市（见表 7 - 1）；将在重要城镇节点建立县域副中心，如鹿邑县的玄武镇、项城市秣陵镇、淮阳县四通镇、商水县谭庄镇、西华县逍遥镇和沈丘县老城等在不远的将来将会成为县域副中心，进一步形成辐射乡村地区城镇节点。同时，周口市也将会在全市建设 10 个示范性乡镇，进一步带动周边乡村的发展。小城镇是乡村地区城镇化的重点区域，其不仅在吸引乡村剩余劳动力方面具有重要作用，在促进乡村地区基础设施建设，加快城乡一体化进程，缩小城乡差别方面也具有重要作用。因此，随着对小城镇建设的重视，小城镇在未来的发展中其作用将会进一步提高。

表 7 - 1 　　　　　　　城镇等级结构规划一览（2030 年）

规模等级	人口规模	数量	城镇名称	规划城镇人口（万人）
一级城市（中心城市）	>100 万人	1	周口中心城区	150
二级城镇（次中心城市）	50 万 ~ 100 万人	1	项城	60
三级城镇（县城）	20 万 ~ 50 万人	7	沈丘	45
			郸城	45
			淮阳	40
			西华	45
			扶沟	40
			太康	40
			商水	45

续表

规模等级	人口规模	数量	城镇名称	规划城镇人口（万人）
四级城镇（重点镇）	1万~2万人	25	贾岭、孙店、秣陵、丁集、白潭、练寺、崔桥、逍遥、红花集、聂堆、潭庄、袁老、黄寨、常营、逊母口、朱口、张集、南丰、吴台、钱店、四通、新站、付井、老城、纸店	—
五级城镇（一般镇）	0.5万~1万人	48	付集、新桥、南顿、官会、李寨、高寺、王明口、郑郭、江村、韭园、汴岗、大新、包屯、老冢、马头、龙曲、板桥、符草楼、马厂、毛庄、清集、西夏亭、奉母、东夏亭、西华营、址坊、固墙、巴村、练集、位集、邓城、胡吉、白寺、石槽、汲冢、宜路、宁平、白马、刘庄店、留福集、赵德营、新安集、白集、刘湾、鲁台、临蔡、安岭、刘振屯	—

资料来源：周口市城市规划（2012~2030年）。

（三）乡村个数将减少，部分建筑向两层或两层以上发展

根据第五章的研究，周口市的乡村聚落斑块个逐渐减少，乡村聚落平均邻近距离逐渐增大。若周口市的聚落依此发展，周口市的乡村聚落个数将进一步减少，相应地乡村聚落平均邻近距离则会增大，聚落密度也会缩小。按照周口市城市规划，乡村聚落将分类实施乡村建设规划，对城镇周边和产业集聚区内的乡村聚落，将会按照城市统一规划和建设标准，实行城乡融合发展，将乡村聚落按照城镇标准建设标准住房，进行集体搬迁合并；对于产业基础较好的乡村聚落，将按照"用地节约、产业发展优化、集聚人口适度、服

务半径合理、资源配置有效、功能完善等"原则，统一规划，分批实施，建成社区示范村，实现人口集聚，资源共享；对于偏远村落、不宜居住的村庄及人口规模较小的乡村聚落，要实施整村搬迁，建设集中居住区。以上这些规划的实施，将会对乡村聚落的布局产生较大影响，乡村聚落个数进一步减少。

乡村聚落个数在减少的同时，部分聚落建筑将向两层或两层以上发展。尤其是近年来，乡村居民住宅逐渐受城镇化以及农村攀比心理的影响，部分乡村聚落住宅向两层或两层以上发展的趋势。这一特征具有明显的空间递减趋势，在城镇周边的乡村聚落表现得最为明显，离城镇距离越近，乡村聚落居民住宅的高度越高；随着远离中心城镇，这一特征逐渐消失或者不太明显。

（四）聚落的等级结构将不断优化

以上分析均是基于村落—小城镇—县城—中心城市单体的论述。随着城乡之间经济联系日趋紧密，城乡之间在某种程度上已经成为一个体系或者一个系统，各等级聚落之间相互联系，构成一个不可分割的整体（李小建，2013）。村落—中心村—小城镇—县城中心—中心城市已形成一个系统，在某种程度上会形成联动效应。随着时间的推移，聚落的等级将会进一步完善，形成大小不同、功能差别、环境各异的各类型聚落（李小建等，2014）。如图7-2所示，周口市未来将形成1个中心城市、1个二级城市、8个三级城市、25个四级城镇、48个五级城镇（见表7-1），1 000多个中心村落。未来中心城市人口将会达到120万人左右，二级城市人口将会达到50万人左右，三级城市人口将会达到30万～50万人，四级

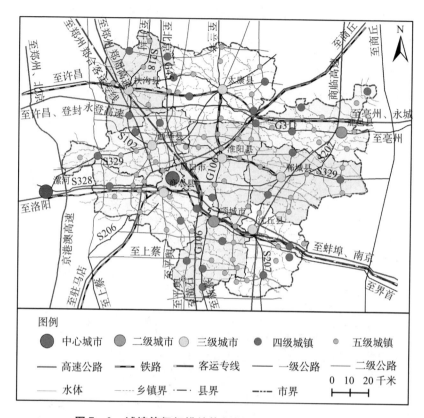

图 7 - 2　城镇等级规模结构规划图（2012～2030 年）

注：①市域中心城市人口规模为 120 万人，市域二级城市人口规模为 50 万人，市域三级城市人口规模为 30 万～50 万人，市域四级城镇人口规模为 2 万～5 万人，市域五级城镇人口规模为 2 万人。②本图彩图见书末。

资料来源：周口市规划建筑勘探设计院。

城镇 2 万～5 万人，五级城镇将会达到 2 万人，中心村落 5 000～10 000 人。而在聚落功能上，中心城镇将以商贸物流业、旅游服务业、文化产业、高新技术产业和农副产品加工业为主，将会形成豫东南地区中心城市；二级城市将来主要以医药工业、化工造纸业、旅游服务业、农副产品加工业等为主；三级城市分别为食品轻工业、纺织服务业、农副产品加工业等；四级城镇主要以农村服务业和农副产品加工业为主；五级城镇主要以农村服务业为主；村落则主要以农业生产为主（见图7-3）。从聚落的等级体系和功能来看，周口市未来的乡村聚落等级体系将更加符合中心地理论，等级越高其功能越完备，等级越低其功能越单一。

图7-3 城镇职能结构规划图（2012~2030年）

注：本图彩图见书末。
资料来源：周口市规划建筑勘探设计院。

二、聚落规模发展趋势

（一）城镇聚落斑块规模将增加

中心城市建成区面积 2015 年仅为 50.5 平方千米，与周边同类型的城市相比，中心城市相对弱小。根据周口市城市总体规划（2003～2020 年）设计，周口市未来中心城市将进行扩容，到 2030 年，周口市中心城区城市建设用地将达到 100 平方千米，几乎是 2015 年的一倍。周口城市新区的建立，以及将项城市、商水县和淮阳县作为中心城市的重要组团，未来周口将推动周商、周淮一体化，进一步强化中心城区的斑块面积。根据预测中心城市的斑块面积呈指数函数增长，其拟合优度达到 0.998（见图 7-4）；预测 2025 年中心城市的斑块面积为 112.275 平方千米，与其 2030 年的规划基本一致，在 2035 年周口市中心城市的斑块面积将会达到 253.143 平方千米。周口市中心城市未来将发展为地区性中心城市。这也与国家当前城市政策相适应的——重点发展像周口市这样的中小城市。

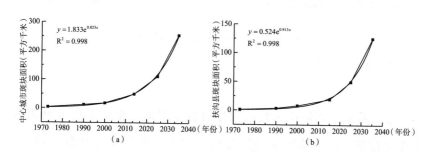

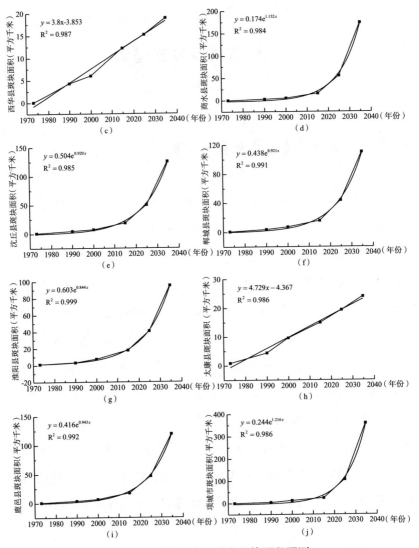

图7-4 县级中心城市斑块面积预测

资料来源：作者自绘。

　　未来县级中心城市斑块面积也将持续增加，尤其是在城镇化和工业化背景下，城镇发展必然会吸引更多企业和农村剩余劳动力。

已有研究表明城市经济的发展与城市建成区面积具有密切关系，随着城市经济增长，城市建成区面积将会不断增加（孙雁等，2011）。通过模拟县级中心城市 2025 年和 2035 年的建成区面积，周口市县级中心建成区面积大部分呈现指数函数（西华县和太康县除外）。预测扶沟县、商水县、沈丘县、郸城县、淮阳县、鹿邑县在 2025 年斑块面积分别为 50.3 平方千米、55.0 平方千米、50.0 平方千米、43.8 平方千米、40.9 平方千米和 46.5 平方千米，与当前周口市中心城区的面积基本相当；在 2035 年，扶沟县、商水县、沈丘县、郸城县、淮阳县、鹿邑县的斑块面积分别为 125.6 平方千米、174.0 平方千米、125.4 平方千米、110.1 平方千米、95.1 平方千米和 119.4 平方千米，基本上与周口市中心城区 2025 年的建成区面积相当。值得注意的是项城市在 2025 年其建成区面积基本上和中心城区相等；在 2035 年项城市的建成区面积将会达到 359.0 平方千米，其将超过周口市中心城市。周口市城市总体规划中指出，将在 2035 年前后将项城市建成周口市的副中心，周口市将会呈现双核结构。

小城镇的发展与中心城市、县级中心城市的发展基本是一致的，其斑块面积增长动力均来自城镇化和工业化。由于小城镇的数量相对较多，不便于运用图形表现，本书通过随机性选择 10 个小城镇的斑块面积，以便模拟预测小城镇斑块面积未来发展情况。如图 7 - 5 所示，在随机所选择的小城镇斑块面积预测的过程中，小城镇斑块面积增长与县级中心城市斑块面积增长一致，也遵循指数函数规律（谭庄镇除外）。小城镇在未来 10 年，其斑块面积将会增加到 2.49 平方千米（平均值）；在未来 20 年内，小城镇斑块面积将会增加到 4.81 平方千米（平均值）。与 2015 年斑块面积相比，未来 10 年小城镇斑块面积将增加45%左右，在未来20年内小城镇斑块面积将增加71.3%左右。小城镇是未来中国城镇化的重点区域，未来农村地区剩余劳动力转移将会逐渐向小城镇倾斜，特别是在当前，农村剩余劳动力完全转移至大城市是完全不现实的，大城市现有的城市治理能力和承载力无法实现这一目标。所以，当前中国农村剩余劳动力转移应首先着眼于小城镇，通过合理分流才能顺利完成中国当前的城镇化目标。对于周口市而言，其中心城市和县级中心城市相对弱小，其承载力有限，目前农村剩余劳动力无法完全转移至这些地区。因此，实现小城镇的就地转移是当前城镇化的第三条道路。

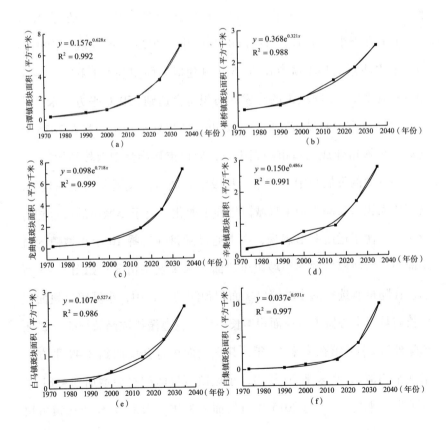

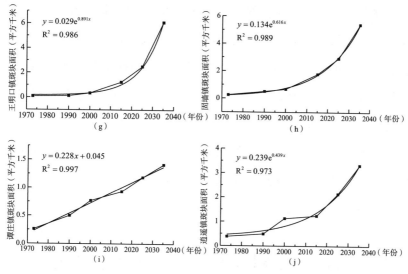

图 7 - 5　小城镇斑块面积预测

资料来源：作者自绘。

（二）乡村聚落斑块规模基本上保持不变或者增幅不大

　　目前乡村聚落的斑块基本上保持不变或者增幅不大，但是随着新型社区建设的实施，新型社区的规模将会变大。通过实地调查发现，现在大多数农户只有一个男孩①，在更新住宅时多是在原址重建；同时，由于国家都对宅基地审批管理相对较严格，村落原则上不再批复建设用地。从这个意义上来说，未来一段时间内，乡村聚落斑块面积将会保持不变，或者增幅不大。但是随着地方政府推行新型社区建设，将部分人口规模小，居住分散或者不易居住的村落

---

　　①　在农村地区，由于人们重男轻女的思想较严重，人们普遍认为男孩才是传宗接代人，所以以男孩拥有父母宅基地的继承权，女孩一般长大成人后则会出嫁，不再享有本村宅基地的使用权。

集中规划、合并，形成新的村落；对于部分城镇郊区或者产业集聚区周边的农村，将实行村落整体规划，搬迁，进行人口集中居住，共享现代城镇文明。如扶沟县大李庄乡凤翔新村就是位于扶沟县产业集聚区，当地政府将产业集聚区内 6 个行政村、9 个自然村合并建成新型社区。周口市 10 个县市区已完成了县域城镇体系规划，计划在未来 5 年内建设 1 076 个中心社区，目前已启动建设 67 个新型社区。新型社区一般是由几个行政村或者自然村合并而成，其无论是在建设面积还是人口规模均比单个村落要大。

（三）城镇人口规模将增加，乡村人口规模将减小

从城镇化的角度看，城镇化是农业人口向城镇集聚的过程。城镇是工业企业集聚之地（阿瑟·奥沙利文，2008），工业化的理论和经验表明，工业化的过程就是农业剩余劳动力向城市工业和其他非农产业转移的过程（汪小勤等，2001）。而随着中国政府逐步放开中小城镇户籍制度，城镇经济不断发展以及城乡收入差距日趋扩大，农村剩余劳动力将会不断地进入城镇。周口市目前正由工业化和城镇化的初期阶段向工业化中期阶段迈进，其工业化和城镇化严重滞后，影响城镇整体的发展。周口市 2019 年城镇化率仅为 44.36%，比河南省平均城镇化率（53.21%）低将近 9 个百分点（河南省统计局，2020）；工业结构主要以农产品加工产业为主导，缺乏高精尖的制造业。根据周口市城市规划（2012～2030 年），周口市将在新型城镇化和新型工业化背景下，大力发展城市农副产品加工业、服装纺织业、机械制造业、医药化工等产业。这些产业的发展将会吸引更多的农村

剩余劳动力进入城镇发展，城镇化率预计将在 2030 年达到 66% 左右
（见图 7 - 6）。随着农村务工人员收入的增加，以及当前中小城镇户
籍制度的放宽，农村务工人员在城镇转为市民的可能性将会增大。据
作者调查，85.6% 的外出务工人员有回周口市居住的愿望，那么周口
市未来的城镇聚落人口将会增加。从周口市城市总体规划的城镇化目
标来看，未来 5 年内周口市将转移农村劳动力 216 万人，未来 15 年内
周口市将转移农村劳动力 346 万人。

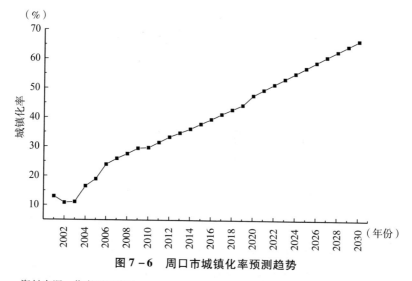

图 7 - 6 周口市城镇化率预测趋势

资料来源：作者预测统计。

从乡村视角来看，周口市未来乡村聚落人口规模将减小。根据
比较利益理论，由于二三产业比第一产业收益较高，农户是理性的
经济人，他们会选择从低收入区域向高收入区域流动（方大春等，
2013）。农户对城镇预期收入相对较高，他们将从乡村地区进入收
益较高的城镇地区。从经济学的生产要素的配置理论看，农村剩余

劳动力流入城镇，是生产要素重新配置的过程。从农业现代化的角度看，当前中国农业生产效率相对低，投入和产出严重不相符（朱纪广等，2013b），被黄宗智称之为"内卷化"（黄宗智，1992），即无发展的增长。以家庭为单位的农业生产，已不再适应当前农业发展的新形势，农业生产亟须规模化、现代化发展。农业生产的规模化和现代化发展，首先应解决农户的就业和社会保障问题，而城镇化和工业化刚好能满足这一需求。

三、聚落空间结构发展趋势

（一）城镇聚落空间结构的发展趋势

从第五章的研究结论可知，周口市当前城镇发展呈现一核两带、圈层发展的结构。"一核"即为周商复合行政中心，"两带"即为"周项淮"经济隆起带和"鹿郸沈"沿边经济开发带，"圈层发展"即为以周商为核心圈层，项城、淮阳和西华形成的紧密联系层。周口市当前的城镇空间结构为未来城镇空间结构奠定了基础。周口市未来城镇空间结构将形成"一核两轴网络化"的空间结构。"一核"即周项淮西一体化的大都市发展区。由于周口市中心城市相对较弱，其带动周边县域的经济能力相对有限。周口市未来的发展则是以中心城市为中心，建立周（周口市）项（项城市）淮（淮阳县）西（西华县）一体化的大都市区。推进中心城区和外围城市组团之间的产业互补，交通一体、服务共享、生态共建，优化城镇布局，拓展中心城市的发展空间，激活城市发展活力。"两轴"即是南北发展轴和东西发展轴。随着"郑合"客运专线修建完成以及商周高速通车使用，周口市将形成南北发展轴和东西发展轴（见图7－7）。以扶沟、西华、中心城区、商水、项城、沈丘等主要城市以及其他中小城镇构成南北发展轴，南北发展轴线以中心城区为断点，将会形成两个不同的产业布局空间，周—西—扶将充分利用当地农村剩余劳动力的优势，建立劳动密集型产业发展带（如纺织、制衣、制鞋、电子产业、食品等）；以周—项—沈为中心，充分利用其工业基础优势，发展先进制造业（如医药、汽车配件、聚酯网、环保建材等）。以商水、中心城区、淮阳等主要城市以及其他中小城市构成东西发展轴线。"网络化"即以周口市国道、省道为结构，以县级中心、中心镇为节点，形成网络化的城镇空间结构（见图7－7）。

（二）乡村聚落空间结构的发展趋势

从微观的角度看，乡村聚落的空间结构应比城镇空间结构小得多。乡村聚落是与农民生活息息相关的，是农民居住与农业生产的载体。乡村聚落未来发展应更加关注村落的空间结构重构问题。周口市处于黄淮海平原，其地势较为平坦开阔，便于乡村聚落建立新的中心集聚点。周口市的乡村聚落未来空间结构应继续遵循中心地理论，其空间结构应以六边形或五边形为主。尤其随着新型社区建设或中心村落在周口市的推广，乡村地区的空间布局将更加重视区域

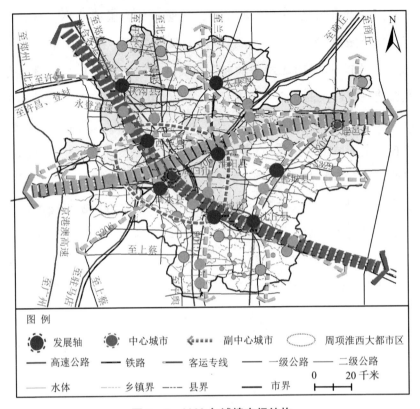

图 7 - 7 2030 年城镇空间结构

注：本图彩图见书末。
资料来源：周口市规划建筑勘探设计院。

发展条件和区域中心地的构建问题。中心村落是一定范围内村落重构集聚地，是乡村聚落未来经济社会发展的重点（李琳等，2015）。乡村聚落未来的重构，可按照中心村、次级中心村和一般村落的方式布局。同时，也可以根据当地的实际情况，因地制宜，采用单核轴线发展模式（见图 7 - 8）和多核轴线发展模式（见图 7 - 9）。这两种布局方式多位于狭长空间内的交通线或河流线的村落布局。

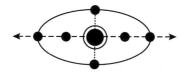

图 7 - 8　单核轴线发展模式

资料来源：根据李琳等（2015）改绘。

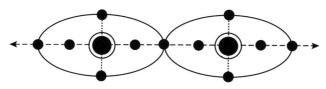

图 7 - 9　双核轴线发展模式

资料来源：根据李琳等（2015）改绘。

四、聚落发展的反思与调控机制

（一）聚落发展的反思

1. 城市偏向或乡村偏向

当前中国城镇化面临问题的根源在于长期以来的城乡二元体制（李玉柱，2012），在城乡发展过程中具体表现为城市倾向（于立，2010；刘红梅等，2012；林聚任等，2012；田莉，2013）和城乡发展的机会不平等。在城市偏向论的主导下，城乡关系以城市一元化为导向，其来源于国家或地方的政策结构之中，因为每个国家或地方的决策者均来自城镇（于立，2010）。在制定政策或执行的过程中，出现偏向某一方利益，而忽略或牺牲另一方面利益（陈方，2013）。从城镇化角度看，多数公共政策的制定均偏向城镇，牺牲农业和农民利益。从资源要素流动的角度看，城市偏向的城镇化，实质上是城镇对乡村掠夺的过程，带走了乡村的各种资源要素（劳动力、资金、甚至是大树、清水、石头），留下的除了被污染和破坏的环境，就是凋敝的农村与逐渐解体的村庄共同体和日益衰落的乡村文明（贾建友，2015）。同时，在城市偏向论下，甚至出现了"消灭"乡村的论调。事实上，人类永远需要乡村，乡村不应消失，也不应该与城市雷同化（林聚任，2012）。城乡之间的良性互动不能以牺牲任何一方为基础，依靠牺牲农业、农村和农民的利益来发展城市和工业的道路是不可持续（陈方，2013；林刚，2014）。

城市偏向论的另一个极端是乡村偏向论。多数学者认识到在城镇化发展过程所带来的一系列社会问题，认为城乡发展应该让更多的农民留在乡村发展（田莉，2013）。部分学者在研究乡村建设、城乡统筹、城乡一体化或其他涉及农村发展问题过程中，认为在城乡融合发展的过程中应以乡村为中心。事实上，城乡关系发展关注的不是以谁为中心的问题，而是"城乡发展机会均等化"问题。城乡关系是城乡要素流动和功能耦合的状态，二者应是利益共同体，在城镇化或者城乡融合过程中，城镇和乡村不应人为地割裂开来。

2. 土地城市化或人的城市化

从城镇化的本质上来说，城镇化应是人的城镇化。而当前中国的城镇化呈现出土地的城镇化，而非人的城镇化。城镇发展呈现出"摊大饼式"的发展，城镇建设重视"硬环境"，轻视"软环境"，导致土地城镇化与人的城镇化的错位。周口市的城镇化与当前中国城镇化情况一致，也是表现出土地的城镇化，而缺乏人的城镇化，重视城市外在形象，而忽略了城市的内在本质，即城市的公共服务功能。周口市的城镇建设用地从 1973 年的 41.7 平方千米增加到 2015 年的 340.9 平方千米，平均每年增加 2.1%；而相对于城镇化人口来说，周口市 1973 年的城镇化人口仅为 43.9 万人，到 2019 年增加至 384.26 万人，平均每年增加 1.9%。周口市的人口城镇化水平每年平均要滞后于土地城镇化水平 2 个百分点。这些被城镇化的人口中，多数处于"半城市化"状态（宋伟，2013），其与传统乡村依然具有千丝万缕的关系，仍未与传统乡村"剪断脐带"（张鸿雁，2011）。

土地城镇化或人的城镇化之争，归根到底是城镇化缺乏明确的发展思路，是由城镇无序发展造成的。土地城镇化多出现在超级城市、特大城市，这多与地方政府过度关注"土地财政"与政绩效应有关。土地城镇化实质上是城乡二元结构下的产物，其限制了城镇化进程中农民自由迁徙的权利，农民城镇化进程面临着各种各样的"壁垒"（盛广耀，2009）。广大乡村人口没有充分享受到城镇化带来的实惠，反而是利益受损现象屡见不鲜。土地城镇化不仅阻碍乡村的发展，而且加剧了城乡二元结构的矛盾（盛广耀，2009）。

3. 城镇化速度的"快"与"慢"

从上面的论述可知周口市的土地城镇化较快，人的城镇化较慢。土地城镇化与人口的城镇化不一致。从周口市城镇化规划来看，未来 5 年内将有 216 万农村劳动力转移至城镇；未来 15 年内将有 346 万农村劳动力转移至城镇，周口市的未来城镇化是否存在冒进，是否从一个极端走向另一极端，需要进一步的思考与探索。同时，从周口市的城镇化率和农业生产总值占国内生产总值的比例上看，城镇化与农业发展不成比例（见表7-2）。当然，城镇化的速度并非越快越好，而是要与当前的经济发展、工业化和农业现代化水平以及农业和农村的发展相适应（叶超等，2008；李玉柱，2012）。若城镇化水平过快，则会导致各种"城市病"，病态的城镇化不但引发了城市的各种问题，同时也会产生农村衰败、土地抛荒、环境恶化等"农村病"（李玉柱，2012）。若城镇化水平过慢，会导致农村剩余劳动力无法顺利转移，城镇化则起不到带动乡村经济发展的作用。

表7-2　　　农业生产总值占生产总值比例和人口城镇化比例　　单位：%

年份	农业占 GDP 比重	人口城镇化率
1973	—	6.2
1990	84.2	8.7
2000	31.1	12.9
2019	14.8	44.4

资料来源：《周口市统计年鉴》（1990~2020年）。

4. 中小城镇发展不足

虽然有部分学者认为小城镇建设浪费耕地、污染环境和效应低下（冯云廷，2000；蒋满霖，2001；汪建华等，2002），但是中小城镇目前仍然是中国城镇化过程中不可或缺的一部分。中小城镇被部分学者不认可的原因主要在于中小城镇的产业结构雷同、城镇之间缺乏产业协同，多数中小城镇在建设上存在盲目攀比，一哄而上的现象。周口市的中小城镇也存在这种现象，同时又有其自身的特点：二三产业支撑能力较弱，不利于农村剩余劳动力转移（喻新安等，2013）。中小城镇的第二产业偏向重型化，制约乡村人口集聚能力，如周口市部分中小城镇发展机械制造，这些产业多属于资金密集型产业，容纳就业人数有限；由于中小城镇的二产发展不充分，导致第三产业服务业就业比例低，严重制约农村剩余劳动力向城镇转移。

5. 城乡人口流动及农民工待遇问题

从城乡人口流动方向来看，目前的城镇化主要是乡村人口向城镇转移，是一种单向流动。从流动人口的家庭结构来看（见图7-10），目前单独外出打工的比例高达46.7%，只有28.3%的外出劳动力是定居式迁移（焦必方等，1999）或者以农户为单位的迁移（马先标，2010），也即是说当前周口市农村地区的留守妇女和儿童比例高达46.7%。长期的家庭分离、夫妻分居、老人和儿童留守，将会造成严重的社会问题。

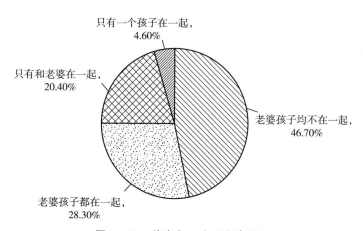

图7-10　外出务工人员家庭结构

资料来源：根据调研数据统计。

乡村剩余劳动力进入城镇，却面临着城乡二元结构下的户籍门槛。户籍制度将人分为三六九等，并通过户籍制度背后的相关公共服务的差异化将其固化，对城镇农民工实行新的歧视与剥夺（宣晓伟，2014）。农民工在年轻时将"青春红利"奉献给城镇，在"青春红利"逐渐消耗殆尽时，却无法享受城镇的医疗和养老保险，甚至其子女也无法平等地享受受教育的权利。与此同时，新生代农民工也面临着尴尬的境地——"回不去农村，融不进城市"。农民工在城镇化这条道路上充满着汗水、泪水甚至鲜血，何时能让农民工有一个可以安放的家，是值得所有人思考的问题。

（二）聚落发展的调控机制

中国目前实施的新型城镇化是第三条道路吗？显然不是，新型城镇化明显带有城镇倾向。第三条道路应是在城乡平等下形成的一个近似埃比尼泽·霍华德（2010）所提倡的田园城乡关系。就城乡人口流动而言，新型城镇化所提倡的依然是乡村人口向城镇转移的过程。而城乡人口流动应是双向流动，乡村人口可以自由流向城镇，城镇人口也可以返回乡村享受乡村文明。假设改革现有的土地制度，乡村人口完全转移至城镇，乡村人口不再以土地作为重要的生活保障，土地可以自由流动，国家在一定程度上，允许城镇人口返回乡村租种田地享受乡村生活。也许在某一天，乡村生活会成为城镇人口的幻想和奢望。

为了更好地协调城乡发展，本书基于当前城镇化所出现的问题，提供几点发展意见仅供参考。

1. 应避免"重城轻乡"或"重乡轻城"现象，城乡应享有平等的发展机会

在城镇化过程中，应将城镇和乡村结合起来，避免"一元论"，二者不可偏废。正如刘易斯·芒福德（1989）所言城镇和乡村是不能截然分开的，二者应当是有机的结合体，同等重要，只有达到城乡平衡，才能使所有居民享受到城镇化所带来的好处。在城镇化过程中，政策制定者在制定政策时要保持中立性，根据事实情况制定发展规划；同时，也要保持城镇和乡村居民的参与性，确保城乡发展机会的均等化。

城镇在以往的发展中均处于优势地位，乡村暂时落后于城镇。城镇应合理的补偿乡村，应加大"工业反哺农业，城市反哺农村"力度。当然，城镇"反哺"乡村只是外部"输血"而已，而对于乡村来说，关键还在于其内生机制，使乡村自己能有"造血"功能，最终实现乡村振兴。

2. 重点发展中小城镇，确保农村劳动力顺利转移

重点发展中小城镇，应避免大城市与中小城镇恶性竞争，二者应形成互补关系，尤其是具有发展潜力和经济增长较快的中小城市和小城镇应作为重点发展对象（陈方，2013）。大城市由于城镇能力有限，农村剩余劳动力不可能全部转移至大城市。应引导农村剩余劳动力有序流动、合理分布，形成大中小城镇循序渐进式发展。应在人口100万以上的人口大县，发展成30万～50万人的中等城市；人口在50万～100万的人口的县城应建立20万～30万人口的中小城镇；50万以下人口的小县城应扩展为县城（辜胜阻等，2012）；同时，将重点镇发展成县域副中心，使人口达到5万～10

万人的小城镇形成辐射乡村地区的城镇节点。

保证农民的充分就业和收入提高是良好城乡关系的保障（陈方，2013）。城镇化首先要保障转移至城镇地区的农村剩余劳动力充分就业，使其有体面的工作和生活，只有充分就业农民工才可能安心在城镇生活，才可能使其家人完全迁移至城镇定居，实现"完全城镇化"。

3. 打破城乡二元制，使农民工平等地享受当地待遇

打破城乡二元制结构，尤其是户籍制度带给农民工的禁锢。要破除户籍制度背后的利益关系，使城乡居民平等地享受社会主义发展的自由，使农民工在就业、居住、医疗和子女就学方面能够平等地享受当地的待遇。对于那些常年在城镇打工，有稳定收入和固定住所的农民工，应尽快使其完成定居式迁移，融入城镇生活，享受现代城镇文明。同时，应做好农民工职业教育培训工作。

对于农村居民拥有的承包土地与宅基地进行改革。农村承包土地和宅基地应与城市土地一样，可以顺利挂牌拍卖。但由于国家法律规定，农村承包土地和宅基地为集体所有，农民只有使用收益权，没有拥有权，导致农户既舍不得农村的"一亩三分地"，又想进城享受"城市人的生活"。农村承包土地应建立合理机制，使农民承包土地进行流转，挂牌拍卖，但不能改变其经营性质，使流转的土地进行农业规模化、现代化经营。对宅基地实行"占补平衡"政策，使具有意愿且在城镇具有稳定工作的农民工，将其土地置换到城镇进行拍卖，政府、企业和农民三者应共享土地收益权。

4. 防止城镇化重数量、重建设，轻质量

防止城镇盲目扩大，一味地重视城镇外形建设，而忽视城镇内在公共服务职能的改善。城镇化的发展应与人口的城镇化、经济发展、公共服务、文化的城镇化等协调发展，不可偏废任何一方。将城镇发展从重数量、重质量上向重视民生转变，将居民幸福指数、城镇服务水平等指标纳入考核机制，着重增加居民的幸福感和归属感（辜胜阻等，2012）。加强对城镇传统文化的保护与创新。同时，在城镇化进程中，也要保护好具有良好传统的乡村聚落群和乡村文化的传承。如前所述，人类永远需要乡村，乡村也不应消失。城镇化是一个双向的流动机制，若干年后，当城镇化发展到一定程度时，乡村有可能成为人类的精神寄托。人们工作在城镇，生活在乡村。或者，人们平时工作在城镇，休假则会选择在乡村，试图寻找一下儿提时的梦想。

5. 产业政策上，大中小城镇应协调发展

如前所述，大城市与中小城镇存在的竞争，但归根结底是产业结构上的竞争。城乡空间结构不过是经济活动在空间上的表现形式而已，其实质上是产业结构在地方上的反映。在产业发展政策上，大中小城镇应有区域统一协调机制，协调区域之间、城市之间、城镇之间的产业发展政策、合理规划布局，防止区域之间、城市之间和城镇之间产业结构雷同，建设上盲目攀比、一哄而上。通常情况下，大城市资金雄厚，技术人才密集，多适合发展资金密集型和技术密集型的高精尖产业，如汽车制造、生物科技、服装设计等；中小城镇由于劳动力资源丰富，资金相对缺乏，适合发展劳动力密集型产业，如纺织业、电子制造业、制鞋业和食品加工业等。

（三）科学编制村镇规划

当前是中国乡村经济、社会和空间快速演变的阶段，城乡发展格局、村庄空间布局发生深刻的变化（原婷等，2021）。第一，乡村人口逐渐向城镇转移。中国城镇化正处于加速阶段，"十四五"时期，大量的农村人口仍将有落户城市的需求，农村人口数量还将持续下降。第二，乡村空间持续"收缩"。大量生态、农业等非建设用地转化为城市建设用地，乡村地区正面临着空间"收缩"。第三，乡村建设进程明显加快。党中央、国务院提出要"顺应村庄发展规律和演变趋势，根据不同村庄的发展现状、区位条件、资源禀赋等，按照集聚提升、融入城镇、特色保护、搬迁撤并的思路，分类推进乡村振兴"，乡村建设正如火如荼。

1. 尊重城乡发展规律，先规划后建设

贯彻落实党中央、国务院乡村振兴工作，必须把乡村规划作为乡村振兴的先导任务。首先要抓紧完成村庄分类规划。依据乡村演变规律，科学制定村庄分类标准，确定乡村发展定位。其次加快推进县域村庄布局。根据县域国土空间规划，尽早完成县域村庄规划布局，确定乡村建设开发边界、人口和环境承载上限、用地类型和规模等开展村庄建设的必备条件。最后推动编制实用性村庄规划。依照国土空间规划，编制"多规合一"实用性村庄规划，作为指导村庄各项建设的法定性详细规划，严格实施管理，确保规划落实落地（原婷等，2021）。

2. 尊重村庄历史变迁规律，避免盲目撤并村庄

按照《中央办公厅、国务院办公厅关于严格规范村庄撤并工作的通知》要求，要遵循村庄变迁的历史逻辑，保持必要的历史耐心，科学编制村庄规划，避免超越历史发展阶段搞大规模的合村并居（原婷等，2021）。首先严格控制村庄撤并范围。严格把握搬迁撤并类村庄的条件，将其严格控制在位于生存条件恶劣、生态环境脆弱、自然灾害频发等地区的村庄，因重大项目建设需要搬迁的村庄，以及人口流失特别严重的村庄。其次建立村庄撤并评审制度。县级党委政府应当组建专门的专家评审委员会，对拟列为搬迁撤并类的村庄，逐一开展调查论证，从严掌握搬迁撤并类村庄规模，看不准的可以先放一放，不急于分类。最后统筹规划民居建设和产业发展。编制村庄规划，既要对生活类建设项目作出安排，更要着重谋划主导产业发展，留出农产品生产、加工、销售、乡村休闲旅游等业态发展空间，避免因产业萎缩导致农村凋敝。

3. 尊重优秀农耕文化传承，注重保护传统村落和乡村特色风貌

村庄规划工作要深入挖掘、继承、创新优秀传统农耕文化，让有形的乡村文化留得住，让活态的乡土文化传下去。首先，增加文化价值评估环节。在开展村庄分类、县域村庄布局过程中，组织文保单位对村庄文化价值进行评估分级。整村有保留价值的，不得列为搬迁撤并类村庄；部分建筑、景观民俗艺术有保留价值的，应当在村庄规划中予以标识，禁止随意拆除迁移。其次，在原有村庄形态上因地制宜。村庄建设既要具备现代文明的舒适与便利，也要契合山水纹理、道路机理、林田地理等自然特性，农房建筑风格要体现传统地域特色，要因地制宜，不能生搬硬套。

4. 尊重农民意愿，充分发挥农民主体作用

农民是村庄建设的主人，是乡村振兴的主体。乡村建设既然是为农民而建，村庄规划工作就必须充分尊重农民意愿、注重发挥农民主体作用，真正把好事办好、实事办实（原婷等，2021）。首先组织农民参与村庄规划编制。邀请村民代表参加村庄规划编制工作组，深入开展驻村调研、逐户走访，详细了解村庄发展的历史脉络、产业实际和人文风情。其次坚持村民集体决策。最后建立村民参与乡村建设机制。严格落实《关于村庄建设项目实施简易审批的指导意见》，对建设标准明确的项目，一律只编制审批实施方案，不编制可行性研究报告、初步设计；对技术简单、村集体可以组织农民开展建设的，可以探索实行先建后补机制，支持当地村民投工投劳、就地取材开展建设。

本章小结与讨论

通过对周口市的等级体系及其空间结构演变的分析，本章对聚落等级体系发展趋势进行研究。其结论如下：

第一，聚落等级结构的发展趋势如下：中心城市将进一步强化；小城镇的作用将会提高；乡村聚落个数将进一步减少，部分聚落建筑向两层或两层以上发展；聚落的等级结构将进一步优化。

第二，聚落规模结构的发展趋势如下：城镇聚落斑块规模将增加，乡村聚落斑块规模将保持不变或增加不明显；城镇人口规模将增加，乡村人口规模将减小。

第三，周口市未来城镇空间结构将以国道、省道为结构，以县级中心、中心镇为节点，形成网络化的城镇空间结构。而乡村聚落空间结构未来将更加关注村落的空间重构问题。

第四，根据对聚落发展的反思，提出聚落发展的调控机制。城乡发展应享有平等发展机会；重点发展中小城镇，确保农村劳动力顺利转移；打破城乡二元制，给农民工国民待遇；防止城镇化重数量、重建设，轻质量；大中小城镇在产业发展上应协调发展。

第五，科学编制村镇规划。尊重城乡发展规律，做到先规划后建设；尊重村庄历史变迁逻辑，避免盲目撤并村庄；尊重优秀农耕文化传承，注重保护传统村落和乡村特色风貌；尊重农民意愿，充分发挥农民主体作用。

第八章

进一步的研究

　　村落体系规模结构是指一个国家或地区内村落人口规模的组合特征，研究的目的是探求区域内村落从大到小的序列与其人口规模的关系，解释区域人口在村落体系中的分布特征（叶浩等，2015）。近些年，随着中国城镇化进程的快速发展，中国村落体系发生着剧烈地变化。尤其是在当前新型城镇化背景下，探索中国传统乡村体系的演变，对新时期村镇体系的合理规划和进一步统筹城乡发展具有重要的学术价值和实践意义。目前，学者探求村落体系的规模结构多采用城市位序—规模法则进行测度。

　　位序—规模法则在地理学中最早应用于城市人口的规模分布，因其能较好地刻画城市人口的规模分布，得到众多城市地理学家的认同与肯定（Anderson G & Ge Y，2005；毛广雄等，2009；Jiang B & Jia T，2011；Ye X & Xie Y，2012）。国外部分城市地理学者对发达国家城市人口规模或建成区面积的规模分布进行了实证检验（Giesen K et al.，2010；Giesen K & Südekum J，2011；Berry B，2012）；同时，中国部分地理学者对中国城市人口规模或建成区面积的规模分布进行了实证分析（顾朝林，1999；谈明洪、吕昌河，2003；程开明、庄燕杰；

2012）。国内外学者均认为城市人口规模或建成区面积服从位序—规模法则（王颖等，2011）。那么，村落的规模分布是否也是服从位序—规模法则呢？目前，这个问题的争论依然存在。以色列学者发现，村落的规模分布并不服从位序—规模法则，而是表现为负指数分布特征（Sonis M & Grossman D，1984）。中国学者李小建等认为村落体系在城镇化进程中逐步与城镇体系融合，可用齐夫指数分析村落的规模分布（李小建等，2015）。以上这些学者的研究既为本书提供了良好的分析范式，又为本书的分析思路带来启发。

那么，村落的规模分布规律应该是如何呢？科学研究是一个反复试验的过程。为了说明这个问题，有必要从村落的视角，厘清中国传统农区中村落的规模分布规律。有时候，看起来比较简单的问题，具体操作却十分困难。比如有些研究局限于研究方法，有些研究则局限于数据资料的收集等工作。正因为如此，才产生大量的学术意见分歧与争论。通过大量的学术争论，相关问题才逐渐清晰起来。中国当前正处于新型城镇化进程中，部分区域出现村镇合并、村落消失等新的情况，致使原有的村落体系被改变，村落体系面临着新的重构。基于此，有必要厘清村落的规模分布规律，为未来村落发展提供参考。本章安排如下，首先运用城市分析视角中的位序—规模法则分析村落的规模分布，其次运用改进的乡村位序—规模法则分析村落的规模分布，最后再将二者进行比较，得出可靠的结论。

一、城市位序—规模法则的应用

运用城市位序—规模法则拟合聚落斑块的规模分布，发现：

（1）周口市的聚落规模分布具有严重的"翘首"和"摆尾"现象，即所谓的"肥尾特征"，只有部分聚落斑块的规模分布服从位序—规模法则（见图8-1）。（2）周口市的聚落规模分布的齐夫指数偏小，均小于1，且不超过0.8，反映了周口市聚落中较低位序的中小聚落较多，大聚落发育不突出（见表8-1和表8-2）。（3）实际值小于理论值。从图8-1a和图8-1b发现，除首位聚落之外，前几位聚落均位于拟合曲线下（图8-1a中2015年除外），这说明周口市聚落斑块规模分布实际值与理论值具有一定的差距，周口市的城镇化进程提升空间较大。周口市的实际城镇化率（2015年仅为36.2%）也说明了周口市城镇化水平还有待于提高。这与部分城市地理学家所得出的结论一致，认为中国城镇化的提升空间较大（陈彦光、刘继生，2001）。（4）聚落的位序—规模曲线随时间向外推移。这与李小建等运用城市位序—规模法则分析农区中的村落分布一致（李小建等，2015），也与部分城市地理学者分析城市位序—规模演化趋势相一致（戚伟、刘盛和，2015）。从各个年份的趋势线，可以发现：1973年和1990年的聚落规模差别较大，表明周口市的整个聚落体系从农村聚落向城镇聚落转换，尤其是高位序列聚落表现较为明显。1990年、2000年和2015年的高位序列的聚落规模差别继续拉大，中低位序的聚落规模差别相对不大。（5）位序—规模曲线的变化趋势基本一致（见图8-1），周口市聚落位序—规模曲线的拟合优度变化不大（见表8-1和表8-2），即在添加城市系统和未添加城市体系进行模拟，其拟合优度变化不大。未添加城市体系的位序—规模拟合曲线其拟合优度提高1%左右（2015年除外），这说明周口市的城市体系对村落体系影响较小，也有可能城市体系与村落体系属于不同的分布，运用城市位序—规模法则并不能精确地模拟村落的规模分布。

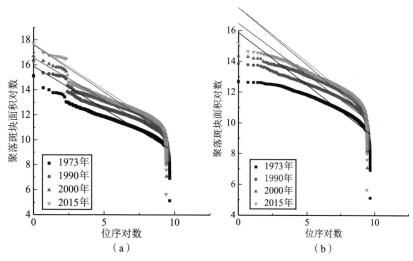

图 8 – 1 城市位序—规模法则的应用

注：图 a 是周口市域（包括 8 县 1 市 1 区）城市位序—规模法则的应用；图 b 是周口市域（不包括 8 县 1 市 1 区）城市位序—规模法则的应用。

资料来源：作者自绘。

表 8 – 1　　　　　　城市位序—规模法则的相关参数（包含城市）

方程式	残差平方和	皮尔逊相关系数 r	调整后的 R^2
	1 720.554	– 0.898	0.806
$y = a + b \times x$	1 050.733	– 0.926	0.857
	1 495.864	– 0.910	0.828
	1 254.819	– 0.915	0.838
年份	项目	参数值	标准误差
1973	截距	15.895	0.023
	斜率	– 0.684	0.003
1990	截距	16.573	0.020
	斜率	– 0.676	0.002

方程式	残差平方和	皮尔逊相关系数 r	调整后的 R²
2000	截距	17.611	0.026
	斜率	-0.759	0.026
2015	截距	17.666	0.025
	斜率	-0.731	0.003

注：本表参数包括8县1市1区。
资料来源：根据遥感影像解译数据计算。

表 8 - 2　　　　城市位序—规模法则的相关参数（不包含城市）

方程式	残差平方和	皮尔逊相关系数 r	调整后的 R²
$y = a + b \times x$	1 639.786	-0.902	0.814
	1 109.268	-0.919	0.845
	1 573.944	-0.902	0.814
	1 315.586	-0.908	0.824
年份	项目	参数值	标准误差
1973	截距	15.866	0.023
	斜率	-0.681	0.003
1990	截距	16.452	0.021
	斜率	-0.662	0.002
2000	截距	17.474	0.027
	斜率	-0.743	0.003
2015	截距	17.501	0.025
	斜率	-0.712	0.003

注：本表参数不包括8县1市1区。
资料来源：根据遥感影像解译数据计算。

二、村落位序—规模法则的应用

运用村落位序—规模法则拟合聚落斑块的规模分布，结果发现：
（1）周口市域的村落和城镇聚落运用村落位序—规模法则拟合效果较好。从拟合曲线上看，绝大多数村落位于位序—规模法则1曲线上（见图8-2）。从拟合优度上看，村落位序—规模法则的拟合优度均在0.930以上，拟合效果较好（见表8-3和表8-4）。（2）位于拟合曲线上的点（聚落）具有单调性。这表明位于拟合曲线上的聚落相互吸引而集聚。而非单调部分曲线（如头部和尾部）则表示这部分聚落具有离心力而趋于分散。如图8-2a头部部分聚落属于城市体系，其分布与村落体系分割成两个体系；尾部村落由于属于

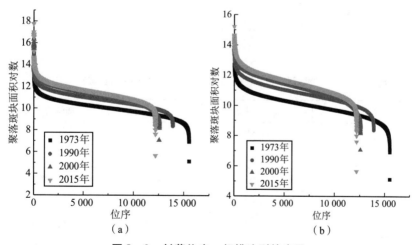

图8-2　村落位序—规模法则的应用

注：图a是周口市域（包括8县1市1区）村落位序—规模法则的应用；图b是周口市域（不包括8县1市1区）村落位序—规模法则的应用。
资料来源：作者自绘。

表 8 – 3　　　　村落位序—规模法则的相关参数（包含城市）

方程式	残差平方和	皮尔逊相关系数 r	调整后的 R^2
	569.988	– 0.967	0.936
$y = a + b \times x$	462.991	– 0.969	0.938
	508.408	– 0.970	0.942
	628.360	– 0.959	0.919
年份	项目	参数值	标准误差
1973	截距	11.246	0.003
	斜率	– 1.634E – 4	3.433E – 7
1990	截距	12.025	0.003
	斜率	– 1.756E – 4	3.857E – 7
2000	截距	12.607	0.004
	斜率	– 2.228E – 4	4.957E – 7
2015	截距	12.843	0.004
	斜率	– 2.171E – 4	5.847E – 7

注：本表参数包括 8 县 1 市 1 区。
资料来源：根据遥感影像解译数据计算。

表 8 – 4　　　　村落位序—规模法则的相关参数（不包含城市）

方程式	残差平方和	皮尔逊相关系数 r	调整后的 R^2
	544.852	– 0.969	0.938
$y = a + b \times x$	355.719	– 0.975	0.950
	397.032	– 0.976	0.953
	470.976	– 0.968	0.937
年份	项目	参数值	标准误差
1973	截距	11.240	0.003
	斜率	– 1.630E – 4	3.361E – 7

续表

方程式	残差平方和	皮尔逊相关系数 r	调整后的 R²
1990	截距	12.014	0.003
	斜率	−1.746E−4	3.386E−7
2000	截距	12.595	0.003
	斜率	−2.215E−4	4.388E−7
2015	截距	12.828	0.004
	斜率	−2.155E−4	5.070E−7

注：本表参数不包括8县1市1区。
资料来源：根据遥感影像解译数据计算。

位序—规模较小的村落，其已不服从村落位序—规模法则，属于村落变化中的异常值。（3）实际值与理论值的比较。大多数村落的实际值与理论值相符，只有头部和尾部的实际值和理论值不相符。头部为城市聚落体系，不符合村落位序—规模法则；尾部为村落中较小的聚落，由于离心力导致聚落呈现碎片化现象。由于经济、行政或其他因素（如城镇化）的综合影响，位序较低的村落规模分布不规则性逐渐增强，位序较低的村落的变化反映出村落是发展而非静止的。（4）村落的位序—规模曲线随时间向外推移。与城市位序—规模曲线向外推移不同，村落位序—规模曲线移动的幅度相对平缓。

村落体系的变化是引起村落位序—规模变化的本质，为更好地理解村落位序—规模法则，本书利用村落位序—规模体系的变化率进一步说明村落位序—规模法则的适用性。从村落位序—规模系统变化率的结果看：（1）村落位序—规模系统变化率的拟合效果好。从拟合曲线上知，图8-3和图8-4的拟合曲线较符合村落位序—规模系统的变化率；从拟合优度上看，村落位序—规模系统的变化率的拟合优度均在 0.97 以上，拟合效果较好。（2）村落位序—规模系统的变化率的拟合曲线也具有单调性。如图 8-3 和图 8-4 所示，村落位序—规模系统的变化率被分成三个部分，头部为城市聚落体系，尾部为村落变化率中的异常值，中间部分具有单调性。（3）村落位序—规模系统的变化率的实际值与理论值基本相符。村落位序—规模系统的变化率的实际值均在其理论值的周围摆动（图 8-3 和图 8-4），其残差最大仅为 261 左右。（4）村落位序—规模曲线变化率均大于 1，且随时间推移向 45°中心线靠近（图 8-3d 和图 8-4d）。这表明聚落规模总体上处于不断扩大的趋势，但随时间的推移，这种扩大趋势在不断地减小。如1973～1990 年，村落规模的扩大是农民对住房改善的刚性需求，尤其是第二次生育高潮，人们思想观念的改变使家庭结构趋于小型化，导致村落规模不断增加；而 1990～2000 年，则处于城镇化加速阶段，村落和城镇规模扩张的速度更快，城镇聚落表现尤为明显；2000～2015 年，村落和城镇规模扩张的速度趋于缓和，其斜率仅为 1.022，趋近于 1。

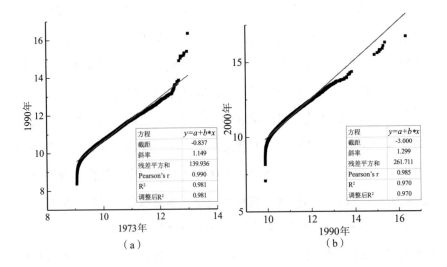

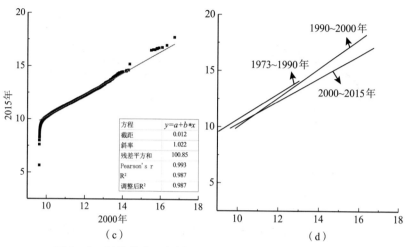

（c）　　　　　　　　　　（d）

图 8 - 3　村落位序—规模法则变化率的应用（包含城市）

注：本图是周口市域（包括 8 县 1 市 1 区）村落位序—规模法则的应用。
资料来源：作者自绘。

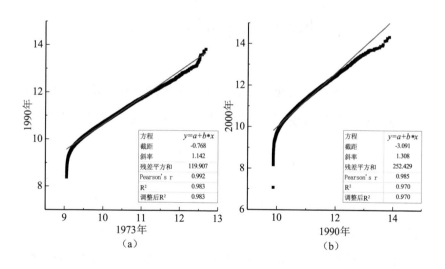

（a）　　　　　　　　　　（b）

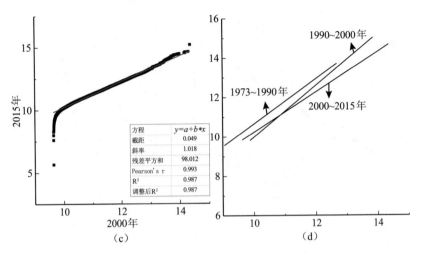

图 8-4 村落位序—规模法则变化率的应用（不包含城市）

注：本图是周口市域（不包括 8 县 1 市 1 区）村落位序—规模法则的应用。
资料来源：作者自绘。

三、城市位序—规模法则与村落
位序—规模法则的比较

城市位序—规模法则与村落位序—规模法则在理论上、模型的显著性、适用性以及模型的解释和预测效果上具有不同的特点，具体如下：

（1）从理论上看，城市位序—规模法则和村落位序—规模法则属于不同的分布函数。城市位序—规模法则服从幂律分布，是一种复杂分布（陈彦光，2015）。乡村位序—规模法则服从负指数分布，是一种简单分布。从图 8-1 和图 8-2 可以发现，运用城市位序—规模法则拟合周口市域的村落和城镇聚落的规模分布，其分布是一个凸函数；运用村落位序—规模法则拟合周口市域的村落和城镇聚落的规模分布，其分布是一个凹函数。根据式（3-2）发现，城市位序—规模法则一阶导数小于0，二阶导数也小于0，即城市位序—规模法则是一个单调递减的凸函数，其在聚落应用意义是随着位序的增大，聚落的规模逐渐减小；城市位序—规模法则是从一个静态的视角看待聚落的变化。根据式（3-5）发现，村落位序—规模法则一阶导数小于0，二阶导数大于0，即村落位序—规模法则是一个单调递减的凹函数，其意义在于其随着位序的变化，聚落的规模呈现负指数形式变化。村落位序—规模法则是用村落规模变化比率来表征村落规模的分布规律，其实质是用演化的、动态的视角看待村落的变化。

（2）从模型的显著性和适用性看，村落位序—规模法则其拟合优度相对较高（0.93以上），拟合效果较好。虽然拟合优度的高低不是模型选择的唯一标准，但至少说明了模型在理论上符合推理，只是还需要从理论解释和经验预测效果上做出最终裁断（陈彦光，2015）。从模型的残差平方和可知，运用城市位序—规模法则模拟预测周口市域的村落和城镇聚落其残差平方和均在1 050以上，而运用村落位序—规模法则模拟预测周口市域的村落和城镇聚落其残差平方和均在630以下。从皮尔逊相关系数可知，采用村落位序—规模法则拟合周口市域的村落和城镇聚落规模分布其皮尔逊相关系数比采用城市位序—规模法则拟合周口市域的村落和城镇聚落规模分布的相关系数提高了5%左右。虽然判定一个模型适用性有多种指标，但从模型的拟合优度、残差平方和和皮尔逊相关系数基本上可以判断模型的适用性。周口市域的聚落规模分布更适合于村落的位序—规模法则。

（3）从模型的解释和预测效果上看，首先从模型的解释看，城市位序—规模法则更倾向于从城镇化的视角解释村落和城镇规模的扩大，其通常假定城镇化是村落和城镇规模扩大的直接原因，而对其他因素重视不够；村落位序—规模法则倾向于从村落自身的发展视角解释村落规模的扩张。村落的发展是多方面因素的综合，城镇化只是村落规模扩张的一个诱因，其他方面，如行为主体、资源禀赋情况、文化和社会偏好以及相关政府的政策等也非常重要。从模型的预测看，城市位序—规模法则预测周口市域的村落和城市聚落规模实际值小于理论值（见图 8 - 1），也即是：城市位序—规模法则预测村落规模易被高估；村落位序规模—法则可用变化率 δ 预测村落的规模变化，其预测趋势线相对较符合村落规模增长趋势。

本章小结与讨论

城镇化是中国未来发展的必然趋势。中国几千年的传统农耕村落面临着形态演变和现代转型。在城镇化进程中，中国传统村落体系的重构是当前学界和政府均十分关注的科学问题。本章以传统农区周口市域的村落数据为基础，以城市地理学者常用的城市位序—规模法则和乡村地理学家所采用的村落位序—规模法则，分别检验了周口市的村落位序—规模的演变，试图检验不同模型对村落位序—规模的拟合效果，以期为村落的规模演变提供可靠的理论依据。通过研究发现：

第一，城市位序—规模法则和村落位序—规模法则属于不同的分布函数。城市位序—规模法则服从幂律分布，是一种复杂分布，一个单调递减的凸函数。乡村位序—规模法则服从负指数分布，是一种简单分布，一个单调递减的凹函数。

第二，在模拟村落位序—规模分布中，村落位序—规模法则优于城镇位序—规模法则。村落位序—规模法则在拟合优度、残差平方和和皮尔逊相关指数方面均优于城市位序—规模法则。

第三，城市位序—规模法则倾向于从城市化的角度解释村落的规模分布，而常忽略其他因素对村落的影响；村落位序—规模法则从村落自身发展的角度解释村落的发展问题，村落规模的增长不仅受到城镇化的影响，还受到村落的资源禀赋、文化和社会偏好、政府的相关政策以及村民的行为等多方面的制约。

第四，在预测村落未来发展方面，村落位序规模法则优于城市位序—规模法则。城市位序—规模法则易于高估村落未来规模的增长，村落位序—规模法则相对较为符合村落规模增长趋势。

第五，城市位序—规模法则是从一个静态的视角看待聚落的变化，而村落位序—规模法则是用村落规模变化率来表征村落规模的分布规律，其实质是用演化的、动态的视角看待村落规模变化。

从历史的角度看，城镇是村落发展到一定阶段的产物。随着人口的乡—城迁移，一些村落必然会消亡。这种数量的减少和规模的变化在某些情况下会超越历史演进趋势，如形成新的城镇或新的空间格局。从聚落发展趋势上看，村落未来发展总的趋势应是数量变少，规模变小；城镇未来数量将会增加，规模变大。这种此消彼长的变化，反映在位序—规模曲线上，将是服从位序—规模法则的城镇数量增多，村落数量会逐渐减少。

城镇化是中国社会经济发展必然经过的重要过程，归根结底是聚落合理化的过程。在城镇化进程中，如何确定村落人口（斑块）的合理规模，需要有远见的地理学者、城市规划学者和经济学者等其他相关学者共同探索与研究。本书通过对两种位序—规模法则实证分析，发现村落位序—规模法则更适合于村落规模分布的研究，这可为确定城镇化进程中村落人口（斑块）合理规模提供计量理论支撑。当然，本书也存在一些不足之处，如缺少对村落位序—规模法则演变成因的进一步揭示与解释，下一步将重点运用村落位序—规模法则探索村落体系的规模结构的地理特征、演变规律及其形成机制。

附录 A 典型聚落空间结构演变
研究村民调研问卷

调查人：_____

调研地点：_____县_____镇_____村；调研时间：_____
年_____月_____日

尊敬的被访问人：

您好！百忙之中打搅您。我们是国家自然科学项目"传统农区新型城镇化进程中聚落空间格局演变研究"的研究人员，想向您了解乡村聚落空间演变的相关信息，此次调研搜集的数据将用于科研项目研究。对您的合作我们致以最真挚的感谢，祝您身心健康，工作顺利！本课题组郑重声明，此调查信息，只用于课题研究，绝不他用，涉及的个人信息，绝对保密。

一、被调查人基本情况

1. 被调查人情况

姓名	性别	婚否	年龄	学历	职业

2. 被调查人家庭情况

七八十年代有几口人_____几代人_____；90 年代有几口

人_____几代人_____；2000 年有几口人_____几代人

_____；2015 年有几口人_____几代人_____。

3. 您之前居住在哪？_____

A. 市区（县城）　　B. 村　　C. 乡镇　　D. 其他

4. 您现在居住在哪个地方？_____

A. 市区（县城）　　B. 村　　C. 乡镇　　D. 其他

5. 您希望将来居住在哪个地方？_____

A. 市区（县城）　　B. 村　　C. 乡镇　　D. 其他

6. 您现在户口是_____

A. 城镇户口　　　　　　　B. 农村户口

7. 如果有机会改变自己的户口，您希望自己_____。

A. 转户口进城　　　　　　B. 进城但不转户口

C. 转户口但不进城　　　　D. 保持目前状态

8. 您曾经搬迁过住处吗？_____（搬迁过/未搬迁过）

若搬迁过，您考虑搬迁的主要原因是什么？_____

A. 上下班方便　　　　　　B. 环境好

C. 交通方便　　　　　　　D. 子女上学方便

E. 服务设施好　　　　　　F. 其他

9. 今后您有搬迁住处的打算吗？_____（有/无）

若有搬迁的打算，您考虑搬迁的主要原因是什么吗？_____

A. 上下班方便　　　　　　B. 环境好

C. 交通方便　　　　　　　D. 子女上学方便

E. 服务设施好　　　　　　F. 其他

10. 您认为目前耕作土地离家多远比较好？_____

A. 0.5 公里以内   B. 0.5 ~ 1 公里

C. 1 ~ 5 公里   D. 6 ~ 10 公里

E. 10 公里以上

11. 您平时下地干农活或者去工厂用的交通工具是什么？

_____

A. 小汽车   B. 电摩托

C. 电动车   D. 自行车

E. 步行

二、农村工业化情况

企业负责人填写

1. 咱们工厂是什么时候创办的？ _____

2. 最开始的时候产品原料来源于_____，销售区域_____

工人来自哪？ _____

3. 当前原料来源于_____，销售区域_____。

工人主要来源于哪些地方？ _____ （能否提供企业职工家庭

地址花名册）

4. 咱们村工厂对邻村有哪些影响？ _____

工人填写

1. 您是本地的吗？ _____，若是，请问您是哪个村的？

_____，请您在地图中标出您的村庄。

2. 请问您为什么在打工？ _____

A. 工资高   B. 离家近

C. 对本地了解   D. 工资能够兑现

E. 其他_____

3. 您从什么时候在这打工的_____

4. 您打工这几年，打工挣的钱主要用于哪些地方了？_____

    A. 盖房   B. 结婚

    C. 小孩上学   D. 其他_____

5. 一年内打工时间_____月平均每个月_____元。

三、农业现代化

土地承包者访问

1. 请填写您的村庄名称_____

2. 您承包的土地都是本村的吗？_____

3. 你承包的土地有外村的吗？_____，若有，都是_____村_____（请说出承包的哪个村哪个人的土地）。

4. 请在地图上指出你所承包的地块。

5. 您承包土地的原因？_____

    A. 规模化经营   B. 本人是种地能手

    C. 不想外出打工   D. 其他_____

6. 请您说出 1970～2015 年本村农业种植和收割方式。

年份	种植方式	收割方式
1970		
1990		
2000		
2015		

7. 现在的种植方式和收割方式与之前相比是否更先进？_____

8. 这些种植方式和收割方式对乡村有什么影响？_____

A. 效率更高   B. 节省劳动力

C. 提高土地产量   D. 可以规模化、产业化发展农业

E. 其他_____

土地承包者访问

1. 请填写您的村庄名称_____

2. 您的耕地让谁承包了？_____，是哪个村的？_____

3. 您为什么把土地承包出去？_____

A. 散户种地不挣钱   B. 在外常年务工

C. 政府引导   D. 其他原因_____

四、新型社区建设

农户回答

1. 您是否支持新型社区建设？_____

若支持，请说出原因？_____

若不支持，请说出原因？_____

2. 您认为新型社区建设选址应选在什么地方？（多选）_____

A. 公路旁边   B. 乡镇旁边

C. 河流旁边   D. 耕作中心

E. 其他_____

3. 假如现在进行新型社区建设，您愿意搬迁的最大距离是多少？_____

A. 1公里以内   B. 1~5公里

C. 5~10公里   D. 10公里以上

附录 B 典型聚落空间结构演变
研究村干部调研问卷

调查人：_____

调研地点：_____县_____镇_____村；调研时间：_____
年_____月_____日

尊敬的被访问人：

您好！百忙之中打搅您。我们是国家自然科学项目"传统农区新型城镇化进程中聚落空间格局演变研究"的研究人员，想向您了解乡村聚落空间演变的相关信息，此次调研搜集的数据将用于科研项目研究。对您的合作我们致以最真挚的感谢，祝您身心健康，工作顺利！本课题组郑重声明，此调查信息，只用于课题研究，绝不他用，涉及的个人信息，绝对保密。

一、人口变动情况

年份	户数（户）	常住人口（人）	户籍人口（人）	非农业人口（人）	村庄迁出人口（人）	外来流入人口（人）
1970						
1980						
1990						

年份	户数（户）	常住人口（人）	户籍人口（人）	非农业人口（人）	村庄迁出人口（人）	外来流入人口（人）
2000						
2015						

二、村庄经济发展情况

年份	农业收入	工业收入（打工收入）	租赁收入	其他收入
1970				
1980				
1990				
2000				
2015				

注：以上为平均每人每年收入水平。

三、村庄宅基地批复情况

1. 宅基地在哪些年份批复较多，或者每年均有增长？ _____

2. 新批复的宅基地一般在哪些位置？（请将下面三个选项填入下表）

A. 村庄内部　　　　　B. 村庄外围（任意位置）

C. 村庄外围离交通线较便利地方

20 世纪 80 年代村庄新建住宅选址	
20 世纪 90 年代村庄新建住宅选址	

2000 年村庄新建住宅选址	
2015 年村庄新建住宅选址	

四、农业现代化对村落的影响

1. 请说出 1970~2015 年本村农业种植和收割方式。

年份	种植方式	收割方式
1970		
1990		
2000		
2015		

种植方式：A. 人力 B. 畜力 C. 一般机械 D. 全自动化机械

收割方式：A. 人力 B. 畜力 C. 一般机械 D. 全自动化机械

2. 现在的种植方式和收割方式与之前相比是否更先进？

_____

3. 这些种植方式和收割方式对乡村有什么影响？ _____

A. 效率更高   B. 节省劳动力   C. 提高土地产量

D. 可以规模化、产业化发展农业   E. 其他

4. 村庄有无土地规模化经营情况？ _____ （有/无）

若有规模化经营情况，请填写最近年份的大概的规模化经营面积及其规模化经营的用途。

年份	规模化经营面积（亩）	规模化经营用途	规模化经营途径
2000			
2005			
2010			
2015			

规模化经营用途：A. 种植庄稼　　B. 种植经济作物

C. 工业用地　　D. 以上三种情况均有

规模化经营途径：A. 村内村民之间土地流转

B. 与外村村民之间土地流转

C. 二者均有

5. 村民为什么要规模化经营？_____

A. 散户种地不挣钱　　　　B. 在外常年务工

C. 政府引导　　　　　　　D. 其他原因

6. 请说出本村村民都把土地流转给谁？为什么流转给他？这些承包土地的都是本村人还是外村人？

_____

_____

7. 作为村干部，您认为土地流转以后，规模化经营对本村或者邻村有什么影响吗？

_____

_____

五、新型社区建设

1. 村民是否支持新型社区建设？_____

2. 支持新型社区建设大约有多少（%）_____

3. 村民支持新型社区建设的原因？ _____

4. 村民不支持新型社区建设的原因？ _____

5. 作为村干部，您认为在新型社区建设过程中应如何做？

_____

_____

6. 您认为新型社区建设选址应选在什么地方？（多选） _____

A. 公路旁边　　　　B. 乡镇旁边　　　　C. 河流旁边

D. 耕作中；　　　　E. 其他_____

六、关于农村工业的问题

1. 本村是否有农村工业？ _____

2. 若有，请简要介绍一下本村工业_____

_____

_____

3. 农村工业是什么时候创办的？ _____

4. 其产品最开始原料来源于_____，最开始销售区域

_____

当前原料来源于_____，销售区域_____。

5. 其工人主要来源于哪些地方？ _____，本村有多少人

_____，其他村庄有多少人，_____。

6. 本村人在哪些地方打工？90 年代在_____打工；2000
年在_____打工；2015 年在_____打工。

参 考 文 献

[1] 阿·德芒戎. 人文地理学问题 [M]. 葛以德，译. 北京：商务印书馆，1993：140 - 192.

[2] 阿瑟·奥沙利文. 城市经济学（第六版）[M]. 周京奎，译. 北京：北京大学出版社，2012.

[3] 埃比尼泽·霍华德. 明日的田园城市 [M]. 金经元，译. 北京：商务印书馆，2009.

[4] 安乾，连倩倩，李小建. 河南巩义市村落终结的类型与机制分析 [J]. 经济地理，2014，34（12）：125 - 132.

[5] 白吕纳. 人地学原理 [M]. 任美锷，李旭旦，译. 南京：钟山书局，1935：10 - 27.

[6] 蔡瀛，孙波. 广东中心镇发展现状与思路探讨 [J]. 小城镇建设，2005（3）：15 - 18.

[7] 陈诚，金志丰. 经济发达地区乡村聚落用地模式演变——以无锡市惠山区为例 [J]. 地理研究，2015，34（11）：2155 - 2164.

[8] 陈方. 城乡关系：一个国外文献综述 [J]. 中国农村观察，2013（6）：80 - 89.

［9］陈明星，陆大道，刘慧．中国城市化与经济发展水平关系的省际格局［J］．地理学报，2010，65（12）：1443－1453.

［10］陈鹏．基于城乡统筹的县域新农村建设规划探索［J］．城市规划，2010，34（2）：47－53.

［11］陈述彭，杨利普．遵义附近之聚落［J］．地理学报，1943，10：69－81.

［12］陈晓键，陈宗兴．陕西关中地区乡村聚落空间结构初探［J］．西北大学学报（自然科学版），1994，24（4）：478－485.

［13］陈彦光，刘继生．城市系统的异速生长关系与位序－规模法则：对 Steindl 模型的修正与发展［J］．地理科学，2001，21（5）：412－416.

［14］陈彦光．城市分形研究取得新成果——中心地、乡镇聚落和交通网络［J］．信阳师范学院报（自然科学版），1998，11（1）：73－77.

［15］陈彦光．简单、复杂与地理分布模型的选择［J］．地理科学进展，2015，34（3）：321－329.

［16］陈永林，谢炳庚．江南丘陵区乡村聚落空间演化及重构——以赣南地区为例［J］．地理研究，2016，35（1）：184－194.

［17］陈宗兴，陈晓键．乡村聚落地理研究的国外动态与国内趋势［J］．世界地理研究，1994（1）：72－79.

［18］程开明，庄燕杰．城市体系位序—规模特征的空间计量分析——以中部地区地级以上城市为例［J］．地理科学，2012，32（8）：905－912.

[19] 程连生，冯文勇，蒋立宏. 太原盆地东南部农村聚落空心化机理分析 [J]. 地理学报，2001，56（4）：437 – 446.

[20] 单纬东，陈彦光. 信阳地区城乡聚落体系的分形几何特征 [J]. 地域研究与开发，1998，17（3）：48 – 52.

[21] 单勇兵，马晓冬，仇方道. 苏中地区乡村聚落的格局特征及类型划分 [J]. 地理科学，2012，32（11）：1340 – 1347.

[22] 范少言，陈宗兴. 试论乡村聚落空间结构的研究内容 [J]. 经济地理，1995，15（2）：44 – 47.

[23] 方大春，杨义武. 城市公共品供给对城乡人口迁移的影响——基于动态面板模型的实证分析 [J]. 财经科学，2013，（8）：75 – 84.

[24] 费孝通. 江村经济 [M]. 北京：商务印书馆，2001：47.

[25] 冯文兰，周万村，李爱农，等. 基于 GIS 的岷江上游乡村聚落空间聚集特征分析 [J]. 长江流域资源与环境，2008，17（1）：57 – 61.

[26] 冯文勇，陈新莓. 晋中平原地区农村聚落扩展分析 [J]. 人文地理，2003，18（6）：93 – 96.

[27] 冯云廷. 小城镇化战略的反思与我国城市化发展的战略取向 [J]. 中国软科学，2000（11）：120 – 124.

[28] 高翔，鱼腾飞，程慧波. 城镇体系结构及与城市化的耦合机制—以西陇海兰新经济带甘肃段为例 [J]. 地理科学进展，2009，28（5）：745 – 750.

[29] 葛丹东，华晨. 适应农村发展诉求的村庄规划新体系与模式建构 [J]. 城市规划学刊，2009（6）：60 – 67.

［30］辜胜阻，杨威．反思当前城镇化发展中的五种偏向［J］．中国人口科学，2012（3）：2-9．

［31］顾朝林，庞海峰．基于重力模型的中国城市体系空间联系与层域划分［J］．地理研究，2008，27（1）：1-12．

［32］顾朝林．论中国建制镇发展、地域差异及空间演化——兼与"中国反城市化论"者商榷［J］．地理科学，1995，15（3）：209-218．

［33］顾朝林．中国城镇体系等级规模分布模型及其结构预测［J］．经济地理，1990，10（3）：54-56．

［34］郭焕成．乡村地理学的性质与任务［J］．经济地理，1988，8（2）：125-129．

［35］郭荣朝，宋双华，夏保林，等．周口市域城镇空间结构优化研究［J］．地理科学，2013，33（11）：1347-1353．

［36］郭晓东，马利邦，张启媛．基于GIS的秦安县乡村聚落空间演变特征及其驱动机制研究［J］．经济地理，2012，32（7）：56-62．

［37］郭晓东，马利邦，张启媛．陇中黄土丘陵区乡村聚落空间分布特征及其基本类型分析［J］．地理科学，2013，33（1）：45-51．

［38］郭晓东，牛叔文，刘正广，等．陇中黄土丘陵区乡村聚落发展及其空间扩展特征研究［J］．干旱区资源与环境，2008，22（12）：17-23．

［39］郭晓东，牛叔文，吴文恒，等．陇中黄土丘陵区乡村聚落空间分布特征及其影响因素分析［J］．干旱区资源与环境，2010，

24 (9)：27 – 32.

[40] 郭晓东，张启媛，马利邦．山地—丘陵过渡区乡村聚落空间分布特征及其影响因素分析 [J]．经济地理，2012，32 (10)：114 – 120.

[41] 国家统计局．中国统计年鉴 [M]．北京：中国统计出版社，1990 – 2020.

[42] 海贝贝，李小建．1990 年以来我国乡村聚落空间特征研究评述 [J]．河南大学学报（自然科学版），2013，43 (6)：635 – 642.

[43] 韩非，蔡建明．我国半城市化地区乡村聚落的形态演变与重建 [J]．地理研究，2011，30 (7)：1271 – 1284.

[44] 何龙娟，陈伟忠，康永兴，等．统筹区域协调发展背景下我国新农村建设模式的基本特征分析 [J]．经济问题探索，2013 (6)：75 – 78.

[45] 河南省经济发展战略规划指导小组．河南发展战略 [M]．北京：中国统计出版社，1991.

[46] 河南省农村社会经济调查队．河南农村统计年鉴 [M]．北京：中国统计出版社，1991.

[47] 河南省统计局．河南统计年鉴 [M]．北京：中国统计出版社，1990 – 2020.

[48] 河南省周口地区统计局．周口地区统计年鉴 [M]．周口：周口地区统计局，1990 – 2020.

[49] 贺艳华，唐承丽，周国华，等．论乡村聚居空间结构优化模式——RROD 模式 [J]．地理研究，2014，33 (9)：1716 – 1727.

[50] 贺艳华，曾山山，唐承丽，等．中国中部地区农村聚居分异特征及形成机制 [J]．地理学报，2013，68（12）：1643 - 1656.

[51] 胡锦涛．坚定不移沿着中国特色社会主义道路前进　为全面建成小康社会而奋斗 [R]．北京：人民出版社，2012.

[52] 黄宗智．长江三角洲小农家庭与乡村发展 [M]．北京：中华书局，1992.

[53] 惠怡安．陕北黄土丘陵沟壑区农村聚落发展及其优化研究 [D]．西安：西北大学，2010：15 - 23.

[54] 贾建友．反思超现实的城镇化 [J]．中国乡村发现，2015，（1）：116 - 119.

[55] 蒋满霖．小城镇建设是西部开发的战略选择——兼对我国城市化道路的探讨 [J]．农村经济，2001，（11）：20 - 22.

[56] 焦必方，王培先，王庆新．试析以家庭为单位的定居式集中——农村现代化过程中人口转移方式的探讨 [J]．复旦学报（社会科学版），1999，（1）：43 - 48.

[57] 金其铭，陆玉麒．聚落服务范围与县级聚落体系 [J]．南京师范大学学报（社会科学版），1984（2）：87 - 94.

[58] 金其铭．农村聚落地理 [M]．北京：科学出版社，1988：7 - 12.

[59] 金其铭．农村聚落地理研究：以江苏省为例 [J]．地理研究，1982，1（3）：11 - 20.

[60] 金其铭．我国农村聚落地理研究历史及近今趋向 [J]．地理学报，1988，55（4）：27 - 35.

［61］金涛，张小林，金飚．中国传统农村聚落营造思想浅析［J］．人文地理，2002，17（5）：45-48.

［62］雷振东．整合与重构［M］．南京：东南大学出版社，2009：1-15.

［63］李伯华，周鑫，刘沛林，等．城镇化进程中张谷英村功能转型与空间重构［J］．地理科学，2018，38（8）：1310-1318.

［64］李德一，张安定，张树文．山东半岛北部海岸带城乡聚落扩展变化特征与驱动力分析［J］．自然资源学报，2008，23（4）：612-618.

［65］李红波，张小林，吴江国，等．欠发达地区聚落景观空间分布特征及其影响因子分析［J］．地理科学，2012，32（6）：711-716.

［66］李红波，张小林，吴江国，等．苏南地区乡村聚落空间格局及其驱动机制［J］．地理科学，2014，34（4）：438-446.

［67］李红波，张小林，吴启焰，等．发达地区乡村聚落空间重构的特征与机理研究——以苏南为例［J］．自然资源学报，2015，30（4）：591-603.

［68］李红波，张小林．国外乡村聚落地理研究进展及近今趋势［J］．人文地理，2012，27（4）：103-108.

［69］李君，李小建．河南中收入丘陵区村庄空心化微观分析［J］．中国人口·资源与环境，2008，18（1）：170-175.

［70］李立．乡村聚落：形态、类型与演变——以江南地区为例［M］．南京：东南大学出版社，2007：11-12.

［71］李琳，冯长春．村庄聚落体系空间布局研究［J］．小城镇

建设，2015（4）：40-45.

[72] 李平星，陈雯，孙伟．经济发达地区乡村地域多功能空间分异及影响因素——以江苏省为例［J］．地理学报，2014，69（6）：797-807.

[73] 李骞国，石培基，刘春芳，等．黄土丘陵区乡村聚落时空演变特征及格局优化［J］．经济地理，2005，35（1）：126-133.

[74] 李全林，马晓冬，沈一．苏北地区乡村聚落的空间格局［J］．地理研究，2012，31（1）：145-154.

[75] 李小建，罗庆．新型城镇化中的协调思想分析［J］．中国人口·资源与环境，2014，24（2）：47-53.

[76] 李小建，许家伟，海贝贝．县域聚落分布格局演变分析——基于1929—2013年河南巩义的实证研究［J］．地理学报，2015，70（12）：1870-1883.

[77] 李小建，杨慧敏．乡村聚落变化及发展型式展望［J］．经济地理，2017，37（12）：1-8.

[78] 李小建．"人地关系"视角下的新型城镇化［N］．光明日报，2013-08-11（7）.

[79] 李小建．新型城镇化：经济社会发展的重要引擎［N］．人民日报，2013-02-22（7）.

[80] 李孝坤，李忠峰，冯敏．重庆三峡库区乡村聚落空间分布探析［J］．水土保持研究，2013，20（4）：242-252.

[81] 李阳兵，李潇然，张恒，等．基于聚落演变的岩溶山地聚落体系空间结构整合——以后寨河地区为例［J］．地理科学，

2016，36（10）：1505－1513.

［82］李瑛，陈宗兴.陕南乡村聚落体系的空间分析［J］.人文地理，1994，9（3）：13－21.

［83］李玉柱."中国城市化的反思与创新"学术研讨会综述［J］.中国人口科学，2012（3）：106－110.

［84］李裕瑞，刘彦随，龙花楼.黄淮海地区乡村发展格局与类型［J］.地理研究，2011，30（9）：1637－1647.

［85］李智，张小林，李红波，等.江苏典型县域城乡聚落规模体系的演化路径及驱动机制［J］.地理学报，2018，73（12）：128－144.

［86］梁涵，姜玲，杨开忠.城市等级体系演化理论评述和展望［J］.技术经济与管理研究，2012（10）：78－81.

［87］林超.聚落分类之讨论［J］.地理，1938，6（1）：17－18.

［88］林刚.中国工农—城乡关系的历史变化与当代问题［J］.中国农村观察，2014（5）：2－13.

［89］林聚任，王忠武.论新型城乡关系的目标与新型城镇化的道路选择［J］.山东社会科学，2012（9）：48－53.

［90］刘春芳，张志英.从城乡一体化到城乡融合：新型城乡关系的思考［J］.地理科学，2018，38（10）：1624－1633.

［91］刘红梅，张忠杰，王克强.中国城乡一体化影响因素分析——基于省级面板数据的引力模型［J］.中国农村经济，2012（8）：4－15.

［92］刘妙龙，陈雨，陈鹏，等.基于等级钟理论的中国城市

规模等级体系演化特征 [J]. 地理学报，2008，63（12）：1235 - 1245.

[93] 刘彦随，刘玉，翟荣新. 中国农村空心化的地理学研究与整治实践 [J]. 地理学报，2009，64（10）：1193 - 1202.

[94] 刘易斯·芒福德. 城市发展史—起源、演变和前景 [M]. 倪文彦，宋俊岭，译. 北京：中国建筑工业出版社，1989.

[95] 龙花楼，李裕瑞，刘彦随. 中国空心化村庄演化特征及其动力机制 [J]. 地理学报，2009，64（10）：1203 - 1213.

[96] 龙花楼，刘彦随，邹健. 中国东部沿海地区乡村发展类型及其乡村性评价 [J]. 地理学报，2009，64（4）：426 - 434.

[97] 龙花楼，屠爽爽. 论乡村重构 [J]. 地理学报，2017，72（4）：563 - 576.

[98] 龙花楼. 论土地整治与乡村空间重构 [J]. 地理学报，2013，68（8）：1019 - 1028.

[99] 龙花楼. 乡村重构的理论认知 [J]. 地理科学进展，2018，37（5）：581 - 590.

[100] 鲁西奇，韩轲轲. 散村的形成及其演变 [J]. 中国历史地理论丛，2011，26（4）：77 - 91.

[101] 陆大道. 地理学关于城镇化领域的研究内容框架 [J]. 地理科学，2013，33（8）：897 - 901.

[102] 陆益龙. 户口还起作用吗？——户籍制度与社会分层和流动 [J]. 中国社会科学，2008（1）：149 - 162.

[103] 罗小龙，许骁. "十三五"时期乡村转型发展与规划应对 [J]. 城市规划，2015，39（3）：15 - 23.

[104] 马恩朴，李同昇，卫倩茹．中国半城市化地区乡村聚落空间格局演化机制探索——以西安市南郊大学城康杜村为例 [J]．地理科学进展，2016，35（7）：816-828.

[105] 马利邦，郭晓东，张启媛．甘谷县乡村聚落时空布局特征及格局优化 [J]．农业工程学报，2012，28（13）：217-225.

[106] 马利邦，郭晓东，张启媛．陇中黄土丘陵区乡村聚落的空间格局 [J]．山地学报，2012，30（4）：408-416.

[107] 马先标．稳健快速推进城市化中的农村富余人口转移——以农户为单位的转移模式新探讨 [J]．社会经济体制比较，2010，（5）：98-104.

[108] 马晓冬，李全林，沈一．江苏省乡村聚落的形态分异及地域类型 [J]．地理学报，2012，67（4）：516-525.

[109] 毛广雄，曹蕾，丁金宏，等．基于传统和五普口径的江苏省城市规模分布时空演变研究 [J]．经济地理，2009，29（11）：1833-1838.

[110] 米松华，黄祖辉，朱奇彪．新型职业农民：现状特征、成长路径与政策需求——基于浙江、湖南、四川和安徽的调查 [J]．农村经济，2014（8）：115-120.

[111] 牛叔文，刘正广，郭晓东，等．基于村落尺度的丘陵山区人口分布特征与规律 [J]．山地学报，2006，24（6）：684-691.

[112] 戚伟，刘盛和．中国城市流动人口位序规模分布研究 [J]．地理研究，2015，34（10）：1981-1993.

[113] 盛广耀．中国城市化模式的反思与转变 [J]．经济纵横，2009（9）：31-35.

［114］施坚雅. 中国农村的市场和社会结构［M］. 史建云，徐秀丽，译. 北京：中国社会科学出版社，1998：30-35.

［115］石田宽. 日本的乡村聚落［J］. 马广志，译. 人文地理，1995，10（4）：53-59.

［116］宋家泰，顾朝林. 城镇体系规划的理论与方法初探［J］. 地理学报，1988，43（2）：97-107.

［117］宋伟. 传统城镇化路径反思与河南新型城镇化路径选择［J］. 区域经济评论，2013（3）：2-8.

［118］宋晓英，李仁杰，傅学庆，等. 基于 GIS 的蔚县乡村聚落空间格局演化与驱动机制分析［J］. 人文地理，2015（3）：79-84.

［119］苏飞，张平宇. 辽中南城市群城市规模分布演变特征［J］. 地理科学，2010，30（3）：343-349.

［120］谈明洪，范存会. Zipf 维数和城市规模分布的分维值的关系探讨［J］. 地理研究，2004（2）：243-248.

［121］谈明洪，吕昌河. 以建成区面积表征的中国城市规模分布［J］. 地理学报，2003，58（2）：285-293.

［122］谭雪兰，于思远，陈婉铃，等. 长株潭地区乡村功能评价及地域分异特征研究［J］. 地理科学，2017，37（8）：1203-1210.

［123］汤国安，赵牡丹. 基于 GIS 的乡村聚落空间分布规律研究［J］. 经济地理，2000，20（5）：1-4.

［124］田光进，刘纪远，张增祥，等. 基于遥感与 GIS 的中国农村居民点规模分布特征［J］. 遥感学报，2002，6（7）：307-312.

[125] 田莉. 城乡统筹规划实施的二元土地困境：基于产权创新的破解之道 [J]. 城市规划学刊, 2013 (1): 18 - 22.

[126] 佟伟铭, 张平宇. 乡村城镇化新模式：基于陈家店新型农村社区建设过程与动力机制的分析 [J]. 农业现代化研究, 2016, 37 (6): 1100 - 1106.

[127] 瓦尔特·克里斯塔勒. 德国南部中心地原理 [M]. 常正文, 王兴中, 译. 北京：商务印书馆, 2010: 1 - 19.

[128] 汪建华, 王德成. 我国农村城市化道路的战略选择—如何避免"小城镇综合症" [J]. 中国农业大学学报（社会科学版）, 2002 (3): 7 - 12.

[129] 汪小勤, 田振刚. 论我国城乡人口迁移中的不确定性及其影响 [J]. 中国农村经济, 2001 (7): 61 - 65.

[130] 王成新, 姚士谋, 陈彩虹, 等. 中国农村聚落空心化问题实证研究 [J]. 地理科学, 2005, 25 (3): 257 - 262.

[131] 王传胜, 孙贵艳, 孙威, 等. 云南昭通市坡地聚落空间特征及其成因机制研究 [J]. 自然资源学报, 2011, 26 (2): 237 - 246.

[132] 王劲峰, 廖一兰, 刘鑫. 空间数据分析教程 [M]. 北京：科学出版社, 2010.

[133] 王鹏, 王亚娟, 刘小鹏, 等. 干旱区生态移民土地利用景观格局变化分析——以宁夏红寺堡区为例 [J]. 干旱区资源与环境, 2018, 32 (12): 69 - 74.

[134] 王萍. 发达国家乡村转型研究及其提供的思考 [J]. 浙江社会科学, 2015 (4): 56 - 62.

[135] 王斯达. 基于 GIS 的中心地理论在新农村建设当中的应用——以云南省安宁市为例 [J]. 测绘与空间地理信息，2012，35 (11)：152 –154.

[136] 王心源，范湘涛，郭华东. 自然地理因素对城镇体系空间结构影响的样式分析 [J]. 地理科学进展，2001a，20 (1)：67 –72.

[137] 王心源，范湘涛，邵芸，等. 基于雷达卫星图像的黄淮海平原城镇体系空间结构研究 [J]. 地理科学，2001b，21 (1)：57 –63.

[138] 王颖，张婧，李诚固，等. 东北地区城市规模分布演变及其空间特征 [J]. 经济地理，2011，31 (1)：55 –59.

[139] 吴传钧. 人地关系与经济布局（吴传钧文集）[M]. 北京：学苑出版社，1998：61 –64.

[140] 吴健生，刘浩，彭建，等. 中国城市体系等级结构及其空间格局——基于 DMSP/OLS 夜间灯光数据的实证 [J]. 地理学报，2014，69 (6)：759 –770.

[141] 吴江国，张小林，冀亚哲，等. 江苏镇江地区聚落体系的空间集聚性多级分形特征 [J]. 长江流域资源与环境，2013，22 (6)：763 –772.

[142] 吴康，方创琳. 新中国 60 年来小城镇的发展历程与新态势 [J]. 经济地理，2009，29 (10)：1605 –1611.

[143] 席建超，王首琨，张瑞英. 旅游乡村聚落"生产 – 生活 – 生态"空间重构与优化——河北野三坡旅游区苟各庄村的案例实证 [J]. 自然资源学报，2016，10 (3)：425 –435.

[144] 席建超，赵美风，葛全胜．旅游地乡村聚落用地格局演变的微尺度分析 [J]．地理学报，2011，66（12）：1707－1717.

[145] 项闯，李广斌，茅亚平．苏南、苏北新型集中社区建设运作机制比较研究——以浏河镇和石集乡为例 [J]．现代城市研究，2017（7）：39－45.

[146] 肖飞，杜耘，凌峰，等．江汉平原村落空间分布与微地形结构关系探讨 [J]．地理研究，2012，31（10）：1785－1792.

[147] 邢谷锐，徐逸伦，郑颖．城市化进程中乡村聚落空间演变的类型与特征 [J]．经济地理，2007，27（6）：932－935.

[148] 许抄军，陈四辉，王亚新，等．非正式制度视角的农民工市民化意愿及障碍——以湛江市为例 [J]．经济地理，2015，35（12）：84－89.

[149] 许学强，胡华颖，张军．我国城镇分布及其演变的几个特征 [J]．经济地理，1983（3）：205－212.

[150] 许学强，周一星，宁越敏．城市地理学 [M]．北京：高等教育出版社，2009.

[151] 许学强．从西方区域发展理论看我国积极发展小城市的方针 [J]．国际城市规划，1987（4）：73－75.

[152] 宣晓伟．中国城镇化模式的反思与转换 [J]．区域经济评论，2014（1）：5－14.

[153] 薛俊菲．基于航空网络的中国城市体系等级结构与分布格局 [J]．地理研究，2008，27（1）：23－33.

[154] 闫卫阳．城市体系空间布局的模型化与智能化方法研究 [D]．武汉：武汉大学，2004.

[155] 杨存建，白忠，贾月江，等．基于多源遥感的聚落与多级人口统计数据的关系分析 [J]．地理研究，2009，28（1）：19－26．

[156] 叶超，曹志冬．城乡关系的自然顺序及其演变—亚当·斯密的城乡关系理论解析 [J]．经济地理，2008，28（1）：79－82．

[157] 叶浩，庄大昌，陈少沛，等．基于逆序的城市数目与累积规模关系探讨 [J]．地理研究，2015，34（8）：1461－1470．

[158] 尹怀庭，陈宗兴．陕西乡村聚落分布特征及其演变 [J]．人文地理，1995，10（4）：17－24．

[159] 于立．城乡和谐发展与发展政策及实践中的"城市倾向"问题 [J]．城市规划学刊，2010（5）：58－64．

[160] 于立．英国城乡发展政策对中国小城镇发展的一些启示与思考 [J]．城市发展研究，2013，20（11）：27－31．

[161] 喻新安等．新型城镇化进程中实现农村人口有序转移研究 [J]．区域经济评论，2013（1）：135－143．

[162] 袁莉莉，孔翔．中心地理论与聚落体系规划 [J]．世界地理研究，1998，7（2）：67－71．

[163] 原婷，张学彪，聂凤英．编制村庄规划应把握的四条原则 [J]．农村工作通讯，2021（15）：15－21．

[164] 岳邦瑞，李玥宏，王军．水资源约束下的绿洲乡土聚落形态特征研究 [J]．干旱区资源与环境，2011，25（10）：80－85．

[165] 张鸿雁．西方城市化理论反思与中国本土化城市化理论模式建构论 [J]．南京社会科学，2011（9）：1－10．

[166] 张姣慧．丘陵地区乡村聚落体系构建研究 [D]．北京：

北京建筑大学，2013：5 - 7.

[167] 张军. 新型农村社区建设的理论依据与重要作用 [J].
农村经济，2013（3）：3 - 6.

[168] 张荣天，焦华富，张小林. 长三角地区县域乡村类型划
分与乡村性评价 [J]. 南京师大学报（自然科学版），2014，37
（3）：132 - 136.

[169] 张甜，朱宇，林李月. 就地城镇化背景下回流农民工居
住区位选择——以河南省永城市为例 [J]. 经济地理，2017，37
（4）：84 - 91.

[170] 张小林. 乡村空间系统及其演变研究 [M]. 南京：南京
师范大学出版社，1999：93 - 126.

[171] 赵荣，王恩荣，张小林，等. 人文地理学（第二版）
[M]. 北京：高等教育出版社，2006.

[172] 赵思敏. 基于城乡统筹的农村聚落体系重构研究 [D].
西安：西北大学，2013：13 - 15.

[173] 钟业喜，陆玉麒. 基于铁路网络的中国城市等级体系与
分布格局 [J]. 地理研究，2011，30（5）：785 - 794.

[174] 周国华，贺艳华，唐承丽，等. 中国农村聚居演变的驱
动机制及态势分析 [J]. 地理学报，2011，66（4）：515 - 524.

[175] 周晓芳，周永章，欧阳军. 贵州喀斯特地貌区聚落的垂直
分异探讨 [J]. 中国人口·资源与环境，2011，21（12）：158 - 162.

[176] 周一星，杨奇. 我国城镇等级体系变动的回顾及其省区
地域类型 [J]. 地理学报，1986，41（2）：97 - 111.

[177] 周一星，于海波. 中国城市人口规模结构的重构（二）

[J]. 城市规划, 2004, 28 (8): 33 – 42.

[178] 周一星, 张莉, 武悦. 城市中心性与我国城市中心性的等级体系 [J]. 地域研究与开发, 2001, 20 (4): 1 – 5.

[179] 朱彬, 马晓冬. 苏北地区乡村聚落的格局特征与类型划分 [J]. 人文地理, 2011, 26 (4): 66 – 72.

[180] 朱纪广, 李二玲, 李小建, 等. 黄淮海平原农业综合效率及其分解的时空格局 [J]. 地理科学, 2013, 33 (12): 1458 – 1466.

[181] 朱纪广, 李二玲, 李小建. 农户企业化演变的过程及影响因素研究——以河南省鄢陵县花木产业为例 [J]. 经济地理, 2013, 33 (3): 125 – 130.

[182] 朱媛媛, 甘依霖, 曾菊新, 等. 基于乡村振兴战略的人居文化环境质量演变驱动机制研究——以长江中游城市群为例 [J]. 地理科学, 2018, 38 (11): 1855 – 1863.

[183] 住房和城乡建设部综合财务司. 中国城乡建设统计年鉴 [M]. 北京: 中国建筑工业出版社, 2017.

[184] 邹亚峰, 刘耀林, 孔雪松, 等. 加权 Voronoi 图在农村居民点布局优化中的应用研究 [J]. 武汉大学学报 (信息科学版), 2012, 37 (5): 56 – 59.

[185] Aguilar F J, Carvajal F, Aguilar M A, et al. Developing digital cartography in rural planning applications [J]. Computers and Electronics in Agriculture, 2007, 55 (2): 89 – 106.

[186] Anderson G, Ge Y. The size distribution of Chinese cities [J]. Regional Science and Urban Economics, 2005, 35 (6): 756 – 776.

[187] Antrop M. Changing patterns in the urbanized countryside of Western Europe [J]. Landscape Ecology, 2000, 15 (3): 257 - 270.

[188] Appendini K. Reconstructing the maize market in Rural Mexico [J]. Journal of Agrarian Change, 2014, 14 (1): 1 - 25.

[189] Banski J, Wesolowska M. Transformations in housing construction in rural areas of Poland's Lublin region-influence on the spatial settlement structure and landscape aesthetics [J]. Landscape and Urban Planning, 2010, 94 (2): 116 - 126.

[190] Berry B J L, Okulicz - Kozaryn A. The city size distribution debate: Resolution for US urban regions and megalopolitan areas [J]. Cities, 2012 (29): S17 - S23.

[191] Brendan Mc Grath. The sustainability of a car dependent settlement pattern: An evaluation of new rural settlement in Ireland [J]. The Environmentalist, 1998, 19 (2): 99 - 107.

[192] Champion T, Hugo G. Introduction: Moving beyond the urban-rural dichotomy [C] //Champion T, Hugo G, Champion T, et al (Eds.). New forms of urbanization: beyond the urban-rural dichotomy, London and New York, Routledge, 2016: 3 - 24.

[193] Dumont R, Magnin D. Types of Rural Economy: Studies in World Agriculture [J]. International Affairs, 1958, 34 (2): 222.

[194] Eva Kiss. Rural restructuring in hungary in the period of socio-economic transition [J]. GeoJournal, 2000, 51 (3): 221 - 233.

[195] Fujita M, Mori T. Structural stability and evolution of urban systems [J]. Regional science and urban economics, 1997, 27 (4):

399 – 442.

［196］Giesen K, Südekum J. Zipf's law for cities in the regions and the country ［J］. Journal of Economic Geography, 2011, 11 (4): 667 – 686.

［197］Giesen K, Zimmermann A, Suedekum J. The size distribution across all cities-double Pareto lognormal strikes ［J］. Journal of Urban Economics, 2010, 68 (2): 129 – 137.

［198］Gy Ruda. Rural buildings and environment ［J］. Landscape and Urban Planning, 1998, 41 (2): 93 – 97.

［199］Halfacree K. Rural space: Constructing a three-fold architecture ［M］// Cloke P, Mardsen T, Mooney P, eds. Handbook of Rural Studies. London: Sage, 2006: 44 – 62.

［200］Hernán D Rozenfeld, Diego Rybski, Xavier Gabaix, et al. The Area and Population of Cities: New Insights from a Different Perspective on Cities ［J］. The American Economic Review, 2009, 101 (5): 2205 – 2225.

［201］Hoggart K, Paniagua A. What rural restructuring? ［J］. Journal of Rural Studies, 2001, 17 (1): 41 – 62.

［202］Jiang B, Jia T. Zipf's law for all the natural cities in the United States: A geospatial perspective ［J］. International Journal of Geographical Information Science, 2011, 25 (8): 1269 – 1281.

［203］Kiss E. Rural restructuring in hungary in the period of socio-economic transition ［J］. GeoJournal, 2000, 51 (3): 221 – 233.

［204］Long H, Liu Y. Rural restructuring in China ［J］. Journal of

Rural Studies, 2016, 47 (47): 387 – 391.

［205］ Lou P. A case study on the settlement of rural women affected by land requisitioning in China ［J］. Journal of Contemporary China, 2007, 16 (50): 133 – 148.

［206］ Mabogunje A L. Systems approach to a theory of rural-urban migration ［J］. Geographical Analysis, 2010, 2 (1): 1 – 18.

［207］ Marsden T. Rural geography trend report: the social and political bases of rural restructuring ［J］. Progress in Human Geography, 1996, 20 (2): 246 – 258.

［208］ Mulligan G F, Partridge M D, Carruthers J I. Central place theory and its reemergence in regional science ［J］. The Annals of Regional Science, 2012, 48 (2): 405 – 431.

［209］ Ploeckl F. Endowments and market access: the size of towns in historical perspective: Saxony, 1550 – 1834 ［J］. Regional Science and Urban Economics, 2012, 42 (4): 607 – 618.

［210］ Popper D E. The Middle West: Corn belt and industrial belt united ［J］. Journal of Cultural Geography, 2013, 30 (1): 32 – 54.

［211］ Prothmann S. Migration, Masculinity and Social Class: Insights from Pikine, Senegal ［J］. International Migration, 2017, https://doi: 10. 1111/imig. 12385.

［212］ Saraceno E. Disparity and diversity: Their use in EU rural policies ［J］. Sociologia Ruralis, 2013, 53 (3): 331 – 348.

［213］ Scott A J. Emerging cities of the third wave ［J］. City, 2011, 15 (3/4): 289 – 321.

［214］Sergei Shubin. The changing nature of rurality and rural studies in Russia ［J］. Journal of Rural Studies, 2006, 22 （4）: 422 – 440.

［215］Sevenant M, Antrop M. Settlement models, land use and visibility in rural landscapes: Two case studies in Greece ［J］. Landscape and Urban Planning, 2007, 80 （4）: 362 – 374.

［216］Sillince J A. Why did warwickshire key settlement policy change in1982 an assessment of the political implications of cuts in rural services ［J］. The Geographical Journal, 1986, 152 （2）: 176 – 192.

［217］Siracusa G, La Rosa A D, Palma P, et al. New frontiers for sustainability: Emergy evaluation of an eco-village ［J］. Environment, Development and Sustainability, 2008, 10 （6）: 845 – 855.

［218］Sonis M, Grossman D. Rank-size rule for rural settlements ［J］. Socio – Economic Planning Sciences, 1984, 18 （6）: 373 – 380.

［219］Tabuchi T., Thisse J F. A new economic geography model of Central Places ［J］. Journal of Urban Economics, 2011, 69 （2）: 240 – 252.

［220］Tian L. Land use dynamics driven by rural industrialization and land finance in the peri-urban areas of China: "The examples of Jiangyin and Shunde" ［J］. Land Use Policy, 2015, 45: 117 – 127.

［221］Woods M. Rural geography: processes, responses and experiences in rural restructuring ［M］. London: SAGE Publications Ltd, 2005: 27 – 59.

［222］Ye X, Xie Y. Re-examination of Zipf's law and urban dynamic in China: A regional approach [J]. The Annals of Regional Science, 2012, 49 (1): 135 – 156.

[223] Zhou G, He Y, Tang C, et al. Dynamic mechanism and present situation of rural settlement evolution in China [J]. Journal of Geographical Sciences, 2013, 23 (3): 513 – 524.

[224] Zhu F K, Zhang F R, Li C, et al. Functional transition of the rural settlement: Analysis of land-use differentiation in a transect of Beijing, China [J]. Habitat International, 2014, 41 (1): 262 – 271.

后记（一）

时光白驹，在河南大学已六年半。

在博士论文付梓之际，无尽的感慨油然而生。

首先，感谢我的导师李小建先生。从博士论文的选题、开题、调研到论文的成文、修改，无不凝聚先生大量的心血。一次次循循善诱的教诲、一封封邮件的嘱咐、一条条短信的叮咛，常让我感动不已。三年多的时间里，先生传授我发掘问题的本领、思考问题的方式和解决问题的途径，使我在学业上不断进步。先生待人宽厚正直，常教导我用宽容的眼光看待事物，要注意生活中不起眼的"小花朵"，那些"小花朵"可能比鲜艳的"花朵"更精彩。先生信奉"人贵才品节，学贵安研迷"。先生痴迷于学术研究，每次去先生办公室，发现先生总是伏案于学术之中，先生常说做研究不可过于心急，好的研究需要时间的洗礼。这对当下学术界中部分急功近利的人来讲，是最好的榜样。绵绵师恩与无尽教诲，学生将终身受益。"鸦有反哺之义，羊知跪乳之恩"，学生无以回报，当在今后的工作岗位上兢兢业业、砥砺前行。

其次，感谢我的学术启蒙老师李二玲女士。记得，我的第一篇学术习作写成后，我便洋洋自得地把初稿交给老师。过了几天，老师把改后的稿子给我，我很是吃了一惊，同时也感到了一种不安和感激。原来我的稿子已从头到尾，均用红笔改过，不但增加许多脱漏的地方，甚至连标点符号也一一订正。后来，跟随李二玲老师学习一年的计量经济学，她逻辑思维强，讲解问题条理清晰，使枯燥无味的数学公式跃然于纸上。这一年计量经济学的学习，不仅使我学到了各种计量分析的技能，更让我明晰思考问题的方式。

同时，感谢公司地理实验室团队的乔家君教授、彭宝玉教授、吴娜琳博士、海贝贝博士，他们在我论文写作过程中给予的关心与帮助，尤其是乔家君教授在论文前期开题工作中提出的宝贵意见，使我在论文写作过程中获益良多。

再次，感谢博士期间，所有帮助过我的人。尤其是实验室的师妹和师弟们，位书华、娄帆、陈晓燕、梁婉真、张香玲和薛莹春，她们在论文前期数据矢量化过程中做了许多工作；朱文哲、位书华、邵留长和何月娟，他（她）们在外出调研过程中付出了辛勤的劳动。感谢感谢周口市国安局的毕险峰局长、周口市国土局的余纪云局长和西华县的郭继红县长，他（她）们在论文数据收集和调研过程中给予的帮助。

博士期间，最难能可贵的是同学之间的友谊。感谢李旭和史焱文，我们既是饭友，又是同学关系。与他们在一起，常让我忘却独在异乡为异客的孤独感。在与他们交流的过程中，论文或多或少地得到一定的启发。感谢朱晓翔、卫春江、王少华、李国梁、陈小潘、谢燕娜等同学，他们既是我的老师又是我的同学，他们常在我失意时给我以鼓励。

最后，我要深深地感谢我的家人，父母、妻子和妹妹，他们是我永远的支持者和坚强的后盾。在他们的鼓励和督促下，我不敢有丝毫的懈怠。尤其是朱可贞的到来，使整个家庭充满笑声和希望。

　　含章可贞，以时发也。

　　是为后记。

朱纪广

2015 年 9 月 28 日于公司地理实验室

后记（二）

时光如梭，博士毕业已有六年有余。朱可贞已从牙牙学语到步入校园，朱含章的到来，又为家里增添了无限乐趣。回顾这六年的工作和生活，不由得感慨万千。

一、初入职场

2016 年元月入职河南师范大学，在这里我由初入职场小白蜕变为一名合格的老师。依稀还记得我第一次上课的场景，虽然在课前做了充分的准备，但第一次登上讲坛的我，依然不能确信自己是否能够讲好。上课铃响了，当我走上讲坛时，学生们齐刷刷的目光投向我——这个他们从未谋面的新老师。在几十双眼睛的注视下，我立马紧张起来，满头大汗。但我还是故作镇定地做了开场白，简要地介绍了一下自己，只听到某位同学在下面喊"欢迎老师来师大工作"。我怀着感激与紧张的心情，开始了人生第一堂授课。第一节课的前面十几分钟，我感觉脑子一片空白，不知道在讲什么，很感谢同学们对我这个教学新手的包容。他们是一群可爱的学生，慢慢地我上课不再紧张，开始变得收放自如。至今我也算得上"能讲"的"老老师"了，成为学生心目中喜欢的老师了，我倍感荣幸。同时，我也感到肩上的责任重大，我努力备好每一节课，力争每节课讲得清晰、有趣，让同学们喜欢听、能听懂。

2016 年仲夏，我以博士论文为基础，进一步拓展了《城市位序——规模和乡村位序规模在传统平原农区聚落的应用问题》，文章几经修改，终于在 2017 年 3 月在《经济地理》发表。因为诸多原因，我于 2016 年底离职河南师范大学。非常感谢在河南师范大学工作期间任太增院长、杨玉珍院长、胡国恒老师、张广根老师、宋跃刚老师、鲍颖建老师、张备老师等领导和同事的帮助与支持。

二、何处是我家

初来到郑州，见到的就是它凌晨一点的模样。它褪去白天的忙碌，展露出一种蛮荒的真实。我看着车窗外的钢筋水泥和路灯向黑夜伸展，内心深处却在问何处是我家。

刚到郑州时我连住的地方都没有，在焱文办公室发现了他午休的行军床，于是我就在行军床上开始了我的"郑漂"生涯。就这样在行军床上住了十来天，终于分到单位文化路校区的 49.9 平方米公寓，每月房租 150 元左右。我迫不及待地买家具和生活用品，为"郑漂"生活做准备。此时，离 2017 年春节已是很近，家人还在新乡，我又返回新乡与家人团聚过春节。

春节过后，爱人为陪我也来郑州找工作，但父母和孩子暂时留在新乡。那时一家人有时候两地分居，有时候爱人因为公司出差一家人又变成三地分居，所以我们都很难见面。孩子还小，一家人每天只能通过视频见面，家庭每个成员都在相互的牵挂中度过了 2017年。只记得那时每周五下课，我便开车上高速飞奔回新乡，我归心似箭，但每次家人都提心吊胆，尤其是冬季天黑得早，若是遇到阴雨天，在高速上飞驰的我只听到大货车在我耳边"嗖嗖"地响，我紧紧握着方向盘，心里其实很害怕，但想到那头就是家人，我便一路冲了过去。

爱人此后进了一所中学执教，我们夫妻二人的日子总算是安定下来，家人也陆陆续续地搬到郑州。一家人"蜗居"在49.9平方米的公寓里，虽然很小很拥挤，但，那终于是家了。那时候只感觉郑州的阳光很刺眼，每天傍晚的晚霞无限好！

在新单位前两年由于各种琐碎工作，我对学术有所懈怠。但是当时的我，每天内心很焦虑、迷茫，周边的同事各个都拿到国家自然科学基金，而我却一连四次败北，使我更加怀疑我自己是否走错了路。我一个人无助过、彷徨过、落泪过……然而生活总是要继续。很庆幸有李小建老师和李二玲老师对我的支持和鼓励，我告诉自己，即使不能拿青年基金，也总要做点事情。我把博士论文中的综述、等级规模演变特征、空间演变和典型聚落功能演变等部分进行修改，分别投到《地理科学》《经济地理》《人文地理》《地域研究与开发》等国内重要学术期刊，终于这些文字变成铅字，同时我的博士论文的质量也进一步提升。今天这些文字成为本书的第二章、第四章、第五章、第六章和第八章中的部分内容。

三、自我革新

东流逝水，叶落纷纷，白驹过隙，2020年忽然而至。

这一年元月朱含章出生，小家伙的到来为家里又带来无限的欢乐。

疫情肆虐，学校封校，但家里确实不适合搞科研。我"翻墙"来到办公室写社科基金项目，但我突然发现远处的胥亚男、李元征也在"翻墙"，大家相视一笑，甚是搞笑。

连续几年青年基金败北使我压力倍增，所以2019年十一之后我便开始谋划再次向国家社科基金进军，初稿出来的时候我请身边中过国家社科基金的老师们提意见，然后就进入无休止的修改之中。当我自认为修改得还可以的时候才敢请李小建老师提意见，但是听完李老师的意见之后，突然发现自己要做的工作很多，很多意见基本上是把活页内容颠覆了。我只能咬牙坚持修改，每次修改都是"自我革命"。修改了多少次我至今已经记不清楚了，只记得每次"翻墙"后都很痛苦，偌大的校园，白茫茫的雪景，只有我一人在行走。当我再次拿着修改N多次的活页让李老师看的时候，李老师感觉修改的内容还不到位，和上次的内容基本上没有太大的改变。我的心态却突然崩溃了，感觉自己怎么修改都改不好了，万念俱灰。我说："老师，我可能真的修改不动了，我想放弃了，大不了基金不中了，我一辈子就做个讲师吧。"李老师却平静地说："你可能是太累了，需要休息一下，换个思路再考虑一下。"从老师办公室出来，我却流下眼泪，老师对待我们就像孩子一样，他理解我们的困难。知道我这几年因为项目的问题压力很大，但是老师并没有放弃我，只是告诉我每个人都有自己的长处，尽量把自己的长处发挥到极致，坚持不懈，总会有好的结果。

我便给自己放假了，每天吃饭、看电视、哄孩子、睡觉，学术上的工作什么都不干，也不想。不知不觉自我放纵了将近半月，我惊觉每天这样自己要废掉了，于是我又准时地"翻墙"到没有暖气的办公室，一个人，裹着大棉袄修改国家社科基金活页。

我想，既然前期已有一定的成果积淀，又和当前乡村振兴战略很契合，为什么不坚持做下去呢。我在前期文献梳理的过程中，发现国内外学者一方面认为黏性现象存在于社会经济发展之中，黏性现象可以解释现有产业转移、资本转移等现象；另一方面认为乡村规模反映了乡村人口和经济活动在空间上的集聚程度，乡村规模优化是乡村人口在空间上再配置过程。但鲜有涉及人口黏性研究以及未对乡村人口规模进行合理预测。我就把研究视角聚焦于人口黏性理论，试图从人口黏性视角分析乡村规模优化问题，深入剖析人口黏性与乡村规模的关系以及对乡村规模优化的作用机制。对于当前乡村经济研究的热点，本研究既契合了乡村振兴战略的现实需求，也是区域经济学研究的重要科学命题，具有重要的理论和现实意义。

　　既然研究思路已有，说干就干，我又按照新的思路重新写论证活页，前前后后用了将近20天写完。然后请杨玉珍院长、张广根老师、鲍颖建老师、弓媛媛老师提意见，他们的意见总是对我有很大的启发，尤其是杨玉珍院长和张广根老师从头到尾地给我批注，一点点地帮我完善论证活页，至今我仍为他们的无私帮助而深深感动。

　　我再次请李小建老师对论证活页给予指导，李小建老师这次看完论证活页后说："不错，写得很扎实，内容很丰富，比之前的版本好很多，看你的论证活页就有种资助你的冲动！"听完李老师的话，内心又惊又喜，惊是怀疑我真的有写这么好吗，喜的是可能今年有戏！为了进一步提高论证活页的质量，我又征求二玲老师的建议，让我感动的是，二玲老师不仅打电话给予我指导还为我加油打气。根据两位老师的意见，我又继续修改打磨，从头到尾，一个字一个字地斟酌，一个标点一个标点地敲细节，力争论证活页中不犯低级性错误。至今已不记得自己到底修改过多少个版本，直到今天再翻看之前的文件发现论证活页——71版的字样。

因为疫情原因，国家哲学社科办推迟了基金申请书提交的日期，具体什么时候提交根据疫情防控情况而定，之后修改基金本子仿佛是一个无穷无尽的过程，不提交一直能改到吐。转眼间已到细柳吐绿的季节，我突然接到科研处通知4月25日提交社科材料。因为学校复印店打印机不是有墨点就是彩图不清晰，如此反复打印了多次，一直没有解决好。为了不留遗憾，我骑着"小破驴"跑到湖心岛的商务复印店打印，才解决了墨点和彩图不清晰的问题。

晚上8点左右终于把社科材料交上去，回到家才想起今天是朱含章出生100天的日子，本来想要和朱含章拍照留念，但却因为提交国家社科申请材料给耽误了。草草地吃完晚饭，我坐到书房对着电脑发呆，一下子不知道要干什么了。

四、静待花开

国家社科申请书交上去后，便是无尽的等待，每天都很焦虑，但又无可奈何！

每天看着日出日落，早上送孩子上学、下午接孩子放学、辅导作业。

2020年9月9日，我还和往常一样，下午接孩子放学辅导孩子作业，只听到手机有消息的提示音，为了不影响孩子学习，我便把手机扔到柜子里了。等辅导完孩子作业的时候已是晚上7点左右，我打开手机一看，有几十条未读消息，均是大家祝贺的信息。我终于中了！但这一刻的到来并未像想象中那样兴奋，反而很平淡。时至今日当我再次拿到国家自然科学基金面上项目和河南省优秀青年科学基金项目的时候，反而心态更加平和了，因为我始终相信二玲老师对我的勉励——"越努力越幸运"。

并非幸运突然造访，而是经年耕耘方得如愿以偿！

以上献给自己、家人和关心支持我的老师们、朋友们和同事们！

朱纪广

2022 年 1 月 15 日于郑州

图7-1　2030年城镇综合交通规划图

图7-2　城镇等级规模结构规划图（2012~2030年）

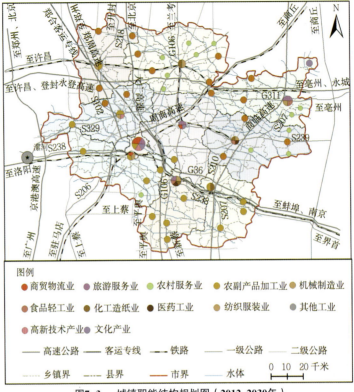

图7-3　城镇职能结构规划图（2012~2030年）

图例

◉ 发展轴　　● 中心城市　　◁---▷ 副中心城市　　◯ 周项淮西大都市区

—— 高速公路　—— 铁路　—— 客运专线　—— 一级公路　—— 二级公路

—— 水体　--- 乡镇界　--- 县界　—— 市界　　0　20千米

图7-7　2030年城镇空间结构